Selma Mahlknecht

Berg and Breakfast

Ein Panorama der touristischen Sehnsüchte
und Ernüchterungen

Selma Mahlknecht

Berg and Break-fast

Ein Panorama
der touristischen
Sehnsüchte
und Ernüchterungen

Mit Illustrationen von Armin Barducci

Edition
RAETIA

Gottfried Benn, Reisen

Meinen Sie Zürich zum Beispiel
sei eine tiefere Stadt,
wo man Wunder und Weihen
immer als Inhalt hat?

Meinen Sie, aus Habana,
weiß und hibiskusrot,
bräche ein ewiges Manna
für Ihre Wüstennot?

Bahnhofstraßen und Rueen,
Boulevards, Lidos, Laan –
selbst auf den Fifth Avenueen
fällt Sie die Leere an –

ach, vergeblich das Fahren!
Spät erst erfahren Sie sich:
bleiben und stille bewahren
das sich umgrenzende Ich.

Über dieses Buch

Der Tourismus ist ein ewiges Dilemma. Seine Widersprüche, seine Doppelbödigkeit, seine Präpotenz fordern heraus. Es ist leicht, ihn zu verdammen. Aber es ist schwer, ihm gerecht zu werden. Dieses Buch unternimmt den Versuch, ihn zu umzingeln. Auf fünf Pfaden nähere ich mich diesem kuriosen Ungetüm, das manchmal zahm und harmlos wirkt und manchmal alles zu verschlingen scheint. Ich untersuche den **Mythos Berg**, frage danach, warum **Menschen auf Reisen** gehen, schaue mir **die Seite der Gastgeber** an und erkunde, was es bedeutet, **dort zu leben, wo andere Urlaub machen**. Den Abschluss bildet **ein Ausblick auf die nächsten Entwicklungen der Tourismusindustrie**, die gerade erst begonnen haben und dabei sind, Fahrt aufzunehmen.

Am Ende jedes Themas stelle ich **eine Expertin oder einen Experten** vor, die als Forschende und/oder als Praktiker jahrelange Erfahrungen auf dem von mir zuvor behandelten Gebiet gesammelt und ihre Einsichten im Rahmen eines Gesprächs mit mir geteilt haben. Ihre Stimmen bilden eine Ergänzung, manchmal auch einen Widerspruch zu meinen eigenen Überlegungen und Überzeugungen – und weiten damit den Blick auf andere Perspektiven.

So wird dieses Buch selbst zur Reise, zu einer Tour d'Horizon über ein schier unerschöpfliches Thema mit seinen Glanzpunkten und Abgründen.

Um festes Schuhwerk wird gebeten.

Vorwort

Berge um uns, Berge in uns
oder: Der erbärmliche Anblick der Alpen

Vielleicht ist Sesshaftigkeit ein Irrtum. Vielleicht liegt tief in unserem Erbgut verankert ein Gen-Baustein, der uns unstet macht, rastlos, zu Wanderern. Einer, der uns immer dann, wenn wir stillzustehen drohen, als Unruhe ins Herz sticht, als unbestimmte Sehnsucht nach dem Anderswo.

Ich komme aus den Bergen. Wie viele, die aus den Bergen kommen, bin ich ein Heimweh-Mensch. „Ihr Südtiroler, ihr habt ein ganz besonderes Heimweh", hat einmal ein Wiener Mitstudent zu mir gesagt. Vielleicht ist es aber gar nicht Südtirol, wonach wir Heimweh haben. Vielleicht sind es einfach die Berge. Denn Heimweh, das können auch die Menschen in Graubünden, wo ich seit vielen Jahren lebe, sehr gut. „Heimweh-Bündner", das ist ein Wort, das in der ganzen Schweiz verstanden wird. Wir Heimweh-Bergler gelten als besonders sesshaft, tief verwurzelt, bodenständig – im günstigen Fall. Die Kehrseite ist eine gewisse Unflexibilität, Starrköpfigkeit, Rückwärtsgewandtheit, die uns nachgesagt wird. Wir stehen mit beiden Beinen fest im heimischen Misthaufen, wortwörtlich und im übertragenen Sinn, so stellen sich das viele vor.

Dabei wird eines übersehen: Wer in den Bergen lebt, muss sich bewegen. Von einem Dorf zum nächsten, von einem Tal ins nächste, hin zu den Städten, wo die Bildungseinrichtungen, die

Arbeitsplätze, die Krankenhäuser sind. Das romantische Bild vom knorrigen Hutzelmännchen, das auf dem Balkon seines Bergbauernhöfchens sitzt und Pfeife schmauchend ins Alpenglühn schaut, ist nicht von vorgestern, sondern von vorvorgestern und hat wahrscheinlich sogar damals nicht immer gestimmt. Als Kind aus Plaus, in den Achtzigerjahren ein 300-Seelen-Dörfchen, musste ich mich früh ans Wandern gewöhnen. Der Bus brachte uns Kinder zuerst nach Naturns, dann nach Meran in die Schule. Die Universität besuchte ich in Wien. Das Wieder-Heimkommen dauerte länger und länger. Das Ankommen gelang irgendwann nicht mehr. Empfand ich mich als Migrantin? Nein, denn jeden Aufenthalt, sogar den über mehrere Jahre, verbuchte ich als „vorläufiges Nicht-zu-Hause-Sein". Fünf Jahre Wien. Zwei Jahre Chur. Neun Jahre Zernez. Allesamt gefühlte Zwischenstationen, obwohl ich mittlerweile nicht mehr weiß, zwischen was.

Das Heimweh bleibt. Wonach? Ist es überhaupt noch ein „Heim"weh? Oder ist es schleichend in dieses unbestimmte Fernweh übergegangen, das uns zu Reisenden macht, zu Suchenden? Denn wer reist, begibt sich auf die Suche. Nach dem Unbekannten, sagen die einen. Nach dem Versprochenen, sagen die anderen. Nach dem Anderen, auf jeden Fall. Doch das Andere, das wir in der Fremde suchen, braucht, um uns zu beglücken, auch ein Quantum Vertrautes. Unser jeweiliger Aufenthaltsort ist ein Spiegel, in dem wir uns selbst sehen wollen – eingebettet in einen anderen Rahmen. Wer bin ich, wenn ich in der Welt bin?

Sehr treffend heißt ein Buch des italienischen Journalisten Marco D'Eramo daher „Die Welt im Selfie": Die Schauplätze wechseln, werden zu austauschbaren Hintergründen. Das Ich ist der Angelpunkt, um den sich die Welt dreht. Was nach einer narzisstischen Behauptung klingt, ist in Wahrheit eine bittere Erkenntnis: Viele brechen auf, um sich selbst zu entfliehen.

Doch die Flucht aus der Welt endet immer in der Welt – und das Ausbrechen aus dem Ich wirft das Ich auf sich selbst zurück.

In diesen scheinbaren Widersprüchen bewegen wir uns, wenn wir auf Reisen gehen. Vielleicht ist deshalb das Ankommen schwierig, und vielleicht ist das die Quelle des Wehs, ob nach dem Heim oder nach der Ferne. Wer bin ich also, wenn ich in der Welt bin? Die Konstante. Die Unentrinnbarkeit des eigenen Ichs ist gleichzeitig kränkend und tröstlich. Geborgenheit finden wir letztlich nur in dem, was Bestand hat.

Für uns Menschen der Alpen ist der Inbegriff des Beständigen: der Berg. Unverrückbar und unübersehbar behauptet er sich im Landschaftsbild, gibt Orientierung, Ausrichtung, Halt. Man kann ihn ersteigen oder unterwandern, ihn stürmen oder ihm den Rücken kehren. Bezwingen kann man ihn nie. Möglich, dass wir ihn damit zu unserem Alter Ego mystifizieren, zum Unentrinnbaren, Schicksalshaften. Möglich, dass wir deswegen nicht von ihm loskommen, wir Bergler nicht, aber auch alle anderen nicht, die die Sehnsucht in die Berge führt.

Wer über den Tourismus in den Alpen schreibt, muss daher bei ihnen beginnen, bei den Bergen. Denn die Alpen, das hat schon Loriot festgestellt, bieten einen ganz erbärmlichen Anblick, wenn man sich die Berge wegdenkt.

★
ALPENBLICK

Mythos Berg

Et eunt homines mirari alta montium et ingentes fluctus maris et latissimos lapsus fluminum et oceani ambitum et gyros siderum, et relinquunt se ipsos.

(Und es gehen die Menschen, die Höhen der Berge zu sehen und die gewaltigen Fluten des Meeres und die breit dahinfließenden Ströme und die Weite der Ozeane und die Bahnen der Gestirne und vergessen darüber sich selbst.)

Augustinus, Confessiones X, 8

1

Magical Mystery Mountain
oder: Thronen wie Gott in Frankreich

Über Jahrtausende der Menschheitsgeschichte hinweg waren Berge vor allem eins: hinderlich. Sie versperrten den Weg, machten das Reisen umständlich und mühsam, zu einer beschwerlichen, gefährlichen Angelegenheit. Davon kann nicht nur die Gletschermumie Ötzi ein tiefgefrorenes Liedlein singen. Wie viele Elefanten starben bei Hannibals Überquerung der Alpen? Freilich, irgendwie musste man drüber, wenn man von Norden nach Süden, von Süden nach Norden wollte, Handel treiben, frohe Botschaften bringen, sich zum Kaiser krönen lassen oder auf irgendeine andere Weise sein Glück versuchen. Angesichts schlecht befestigter Saumpfade, rascher Wetterwechsel und unbefriedigender Gasthausdichte dürfte sich das Verkehrsaufkommen auf den Bergpässen allerdings in Grenzen gehalten haben.

Doch nicht nur für Reisende waren Berge herausfordernd. Auch für die Sesshaften war das Dasein an den steilen Hängen, auf denen ein paar Ziegen herumsprangen und nicht viel wuchs, ein ständiger Kampf. Freilich enthielt mancher Berg auch wertvolle Erze, Edelmetalle und Salz, die man auszubeuten trachtete – für die zahllosen Kinder und Erwachsenen, die man tief in die Eingeweide des Berges schickte, um dort Eisen, Silber, Salz und dergleichen abzubauen, blieben jedoch meist nur ein karges Auskommen und ein zerschundener Körper.

Waren des Berges Tiefen düster und gefährlich, so waren des Berges Höhen erst recht lebensfeindlich. Am angenehmsten lebte es sich auf halber Höhe über den Sümpfen des Tales und unter der zerklüfteten Ödnis der Felsen, wo Steilacker, Wald und Weide noch einiges hergaben und der Berg frische Wasserquellen, Schutz vor äußeren Bedrohungen und schöne Aussichten bot. Über der Waldgrenze, in der Nähe der Gipfel wohnten die Winde und der ewige Winter, dorthin verirrte sich kaum ein Mensch. Kein Wunder, dass man in den schroffen Felsen dämonische Wesen vermutete, Riesen, Zwerge, Geister, die mit den Menschen Schabernack trieben, sie in die Irre führten, in Abgründe stürzten, aber manchmal auch reich beschenkten.

Berge bergen – Geheimnisse, Schätze, das Göttliche. In ihrer Geborgenheit konnte man sich sicher fühlen, fern aller irdischen Verblendungen, dem Ewigen nahe. Vom holden Musenhort des Parnass zu den entfesselten Hexentänzen des Blocksbergs ist es freilich nur ein kleiner Schritt. Die Nymphen, Faune, Geister und Dämonen, die man in den Höhen vermutete, waren im gleichen Maße bezaubernd und beängstigend wie die belebte Natur, der man sie zuordnete. Über allen Wolken aber, dem Blick der Menschen entrückt, weilten die Unsterblichen. Der Berggipfel als Sitz der Götter ist eine Vorstellung, die nicht nur die alten Griechen kannten. Kann es einen majestätischeren Thron geben, von dem aus man auf die Welt hinabblickt? Wo aber die Götter thronen, da ist für den Mensch kein Aufenthalt. Heilige Berge galten (und gelten teilweise bis heute) als unbetretbar, verboten, zumindest den Uneingeweihten. Für Rituale und Zeremonien konnte man die mystischen Orte aufsuchen, aber auch dann nur nach sorgfältiger Vorbereitung und nur, wenn man wahrhaftig würdig war. Eremiten lebten ihr asketisches Leben in Berghöhlen, Klosterbrüder zogen sich in die steinerne Wüste zurück, um

Gott zu schauen, doch unbedarfte Laien, oft vor allem Frauen, mussten dem heiligen Bezirk fernbleiben.

Bis heute gibt es weltweit Pilgerstätten auf Bergeshöhen, die unzählige Heil und Heilung Suchende anziehen. Längst ist aus der persönlichen spirituellen Reise selbst in entlegenen Winkeln der Erde eine durchorganisierte und kommerzialisierte Industrie geworden, Wanderhändler und Rastlokale verkaufen bis knapp vor der Erleuchtung Wegzehrung, Ausrüstung, rituelle Gegenstände. Doch auch jenseits dieser sakralen Bezirke umgibt die Berge eine Aura des Majestätischen, Weihevollen, Überirdischen. Instinktiv fühlen wir, dass wir uns in eine entrückte, magische Sphäre begeben, wo das Göttliche gegenwärtig ist, bereit, zu segnen oder zu zerschmettern. Der Mensch schrumpft angesichts der Naturgewalt zum Stäubchen zusammen, den Elementen ausgeliefert, dem Unberechenbaren. Er erlebt sich als unbedeutend und endlich, zugleich aber auch als in etwas viel Größeres eingebunden – eine geradezu transzendente Erfahrung. An seine Grenzen zu gehen, einen Teil der Kontrolle abgeben zu müssen, sich einer höheren, ungreifbaren Macht auszuliefern und sich zugleich auf eine Art zu spüren, wie es im sicheren Bereich der eigenen Komfortzone nie möglich wäre, darin liegt denn auch ein beträchtlicher Teil der Faszination, die uns in die Berge treibt.

Das Gefühl, dem Heiligen zu begegnen, ist auch heute noch tief in uns verwurzelt, und es schwingt jedes Mal unausgesprochen mit, wenn wir über die Berge sprechen. Dabei kann man die freizeittauglich gemachten Berge unserer Zeit nicht mit den schroffen, abweisenden Gebirgen vergangener Tage vergleichen. Wer heute in Turnschuh und T-Shirt losmarschiert, der kann sich auf bequeme Seilbahnen und wanderfreundliche, gesicherte Wege freuen, ausgeschildert und mit Zeitangaben versehen. Es winken Einkehrmöglichkeiten und Unterstände, und für den schlimmsten Fall steht der Helikopter der Bergrettung bereit.

Aus dem gefährlichen, strapaziösen Geschäft der Bergüberquerung ist betreutes Wandern geworden. Sogar im Himalaja führt ein Schritt für Schritt vorbereiteter Weg mit Seilen, Leitern, Sauerstoffflaschen aufs Dach der Welt, und die Minuten des Gipfelsiegs sind gezählt und durchgetaktet, damit alle Wandergruppen rechtzeitig abgefertigt werden können.

Haben die Berge dadurch ihre Aura, ihre Magie verloren? Sind sie durch das Gewusel der Wanderwütigen entweiht, gar geschändet? Immer wieder hört man diesen Vorwurf von unterschiedlichen Seiten. Schon der Dichter Rainer Maria Rilke klagte, „kein Berg ist ihnen mehr wunderbar".

Schulden wir den Bergen mehr Ehrfurcht? Sind wir überheblich geworden? Haben wir aus der Naturgewalt einen Lunapark gemacht? Der sprichwörtliche Wanderer in Flipflops ist zur Ikone des Leichtsinns geworden, mit dem wir uns dem Berg nähern. Kann ja nichts schiefgehen, irgendwer holt uns da schon raus.

Doch ein Restrisiko bleibt. Noch immer kann man sich im Gebirge Arme, Beine und den Hals brechen, noch immer kann man sich verirren, vom Steinschlag getroffen werden, abstürzen, erfrieren. In der Todeszone des Everest steigt man an Leichen vorbei, und auch der stolze Preis von mehreren Zehntausend Dollar für die Teilnahme an der Expedition gibt keine Garantie auf eine sichere Rückkehr. Nein, es ist weder schiere Vergnügungssucht noch eine Laune, die den Menschen in die Berge treibt. Es gibt bequemere Wege von Norden nach Süden, es gibt angenehmere Arten des Zeitvertreibs, es gibt risikoärmere Sportarten.

Warum also faszinieren uns die Berge, warum streben nach wie vor und immer mehr Menschen den Gipfeln zu? Wegen des Naturerlebnisses? Der schönen Aussicht? Oder weil es zur Sucht wird, nach und nach?

Alle diese Gründe mögen eine Rolle spielen. Trotzdem glaube ich, dass der Hauptantrieb nach wie vor derselbe ist: Wir gehen in die Berge, um dem Göttlichen zu begegnen – und uns selbst.

Zum Beweis rufe ich in den Zeugenstand: Francesco Petrarca und Dante Alighieri.

2

Der Gipfel der Läuterung
oder: Petrarca besteigt einen Berg und
erfindet den Alpinismus

Francesco Petrarca, der große italienische Dichter des 14. Jahrhunderts, ist wohl den meisten zusammen mit Dante Alighieri und Giovanni Boccaccio als Teil der toskanischen Poeten-Triade des „Aureo Trecento" bekannt. Er ist Autor zahlreicher Sonette, deren Form nach ihm benannt ist und von denen sich viele um eine ins Mythische überhöhte Schönheit namens Laura ranken. Petrarca gelingt es dabei meisterlich, die Natur als Kulisse seiner Seufzer, als Sichtbarwerdung seiner inneren Turbulenzen zu inszenieren.

Es ist ein wiederkehrender Topos der Literatur, dass Phänomene der Natur als Spiegel- bzw. Gegenbild einer seelischen Befindlichkeit dargestellt werden. Es ist daher oft nicht zu entscheiden, ob ein Dichter in seinen Werken von einer tatsächlichen Naturbeobachtung ausgeht oder aus einer Seelenstimmung das Naturbild entwirft. Meistens ist das für das Verständnis des literarischen Textes auch unerheblich. *Verba volant* und Papier ist geduldig – dass man Worte oft nicht wörtlich nehmen muss, ist uns bewusst. Wir rechtfertigen ja selbst sachliche Ungenauigkeiten gerne mit dem Begriff der „dichterischen Freiheit" und nehmen diese auch in eigener Sache reichlich in Anspruch, wenn wir von unseren Abenteuern erzählen.

Wie verhält es sich nun mit einer der berühmtesten Episoden aus Petrarcas Leben, nämlich der selbsterklärten Erstbesteigung des 1.909 Meter hohen Mont Ventoux in Südfrankreich? In einem in lateinischer Sprache verfassten und von Experten auf 1352/53 datierten Brief an seinen Freund Dionigi di Borgo San Sepolcro schildert Petrarca diese Expedition, die er um das Jahr 1335 herum zusammen mit seinem jüngeren Bruder Gherardo durchgeführt haben will. Dabei gerät alles zum Omen, zur symbolisch aufgeladenen Begebenheit. Der Berg ist sturmumtost, der Weg steil und steinig. Gherardo, der jüngere, unbeschwerte Wanderer, der sich früh für ein geistliches, Gott zugewandtes Klosterleben entschieden hat, steigt leichtfüßig voran. Francesco, gedankenschwer und an weltliche Güter gefesselt, kommt nur mühselig vorwärts. Immer wieder muss er innehalten und seine Kräfte sammeln. Dennoch gelingt den Brüdern gemeinsam der Aufstieg zum Gipfel. Dort angelangt, schlägt der Dichter sein geliebtes Buch „Confessiones" aus der Feder des Kirchenlehrers Augustinus auf, auf das er offensichtlich auch auf der Bergtour nicht verzichten wollte. Die Fügung – oder Petrarcas Erfindungsgeist – will es, dass das Buch sich an einer Stelle öffnet, an der zu lesen ist: *Et eunt homines mirari alta montium et ingentes fluctus maris et latissimos lapsus fluminum et oceani ambitum et gyros siderum, et relinquunt se ipsos.*

Übersetzt lautet der Satz: „Und es gehen die Menschen, die Höhen der Berge zu sehen und die gewaltigen Fluten des Meeres und die breit dahinfließenden Ströme und die Weite der Ozeane und die Bahnen der Gestirne und vergessen darüber sich selbst." Nun bedeutet „relinquere" freilich nicht wörtlich „vergessen", sondern genaugenommen „verlassen" oder „zurücklassen". Damit knüpft das „relinquunt" an das „eunt" vom Satzanfang an: Die Menschen gehen fort (um Berge, Ströme, Ozeane usw. zu betrachten) und verlassen dabei sich selbst.

Im Kontext seiner Bergbesteigung kommt Petrarca also zum Schluss: Das letzte Ziel der Reise kann nicht die Selbstvergessenheit, das Außer-sich-Geraten, das Nicht-bei-sich-Sein des Reisenden sein, vielmehr muss der Weg, um vollendet zu werden, letztlich ins Innere zurückführen. Nur so wird das Naturerlebnis zu einer geistig erfüllenden Erfahrung transformiert.

Doch hat Petrarcas Bergabenteuer überhaupt stattgefunden? Oder ist der Aufstieg zum Gipfel einfach nur eine sehr anschauliche Metapher für die innere Suche nach dem Göttlichen? Ich habe es schon geschrieben: Das ist schwer zu entscheiden. Tatsache ist: Manchen gilt Petrarca aufgrund seiner Reisebeschreibung als „Vater der Bergsteiger" und gar als „Erfinder des Alpinismus". Ob zu Recht oder Unrecht, spielt dabei nicht einmal eine Rolle. Viel wesentlicher ist, welche Weltanschauung sich darin offenbart, wenn ein geradezu metaphysisches Erlebnis zur Geburtsstunde einer Bewegung mystifiziert wird. Der Bergsteiger ist somit nicht etwa jemand, der einfach gerne aufwärts über Stock und Stein geht und am Ende von oben runterschaut. Seine Wanderung ähnelt jener legendären ersten Bergbesteigung Petrarcas, wird zur spirituellen Reise, die im Idealfall zur Begegnung mit dem Göttlichen, zur Katharsis führt – vorausgesetzt, man hat ein gutes Buch dabei.

Bergsteigen zur Seelenläuterung? Ist das nicht etwas hoch gegriffen?

Man muss nicht weit suchen, um einen weiteren Beweis für diese These zu finden. Petrarcas zeitlicher Vorgänger Dante Alighieri ist den meisten mit seiner „Divina Commedia" ein Begriff. Weniger bekannt ist, dass dieses zwischen 1307 und 1321 entstandene Werk sich keineswegs in der als autobiographisch dargestellten Schilderung einer Reise ins Inferno erschöpft. Der gewaltige Höllentrichter, in den Dante mit seinem Begleiter Vergil im ersten Teil hinabsteigt, findet im zweiten Teil der Commedia seine Entsprechung in einem ebenso großen Berg, dem Purgatorio oder Fegefeuer, den Dante hinaufsteigen muss. Dieser

„Läuterungsberg" führt über sieben „Terrassen", die jeweils eine reinigende Aufgabe haben, hinauf zum irdischen Paradies: Dort angelangt und von der Last aller Sünden befreit, kann Dante im dritten Teil zu den Sternen fliegen.

Die Ähnlichkeiten zwischen Dantes fiktionaler Besteigung des „Läuterungsbergs" und Petrarcas angeblicher oder tatsächlicher Besteigung des Mont Ventoux sind unübersehbar. Bemerkenswert ist allerdings, dass sich Petrarca zur Schilderung seiner Katharsis nicht einer offensichtlich erfundenen Natur bedienen muss – an die Stelle der rein symbolischen Landschaft tritt eine reale Landschaft, die symbolisch aufgeladen wird. Indem er seine Geschichte im Gegensatz zu Dante im Bereich des Möglichen ansiedelt, öffnet Petrarca neue Deutungsspielräume. Vor allem stellt er es uns frei, seine Reise nachzuvollziehen und uns selbst auf den Weg zum Mont Ventoux zu machen. Er ist damit vielleicht tatsächlich der erste alpinistische Influencer.

So oder so: Wir können festhalten, dass bereits im Mittelalter, Jahrhunderte vor dem Aufkommen des Alpinismus, der Erzählrahmen für das Bergerlebnis abgesteckt war. Und dieser Rahmen gilt bis heute: Wer sich den schroffen Felsen stellt, den eisigen Höhen, dem majestätischen Massiv, der begibt sich auf eine spirituelle Reise, in der Muskelkraft und körperliche Fitness nur eine Nebenrolle spielen. Gefordert sind die mentale Stärke, mithin der Charakter und die Persönlichkeit, die im Zuge des Bergerlebnisses eine Transformation, möglicherweise sogar eine Läuterung durchlaufen und das Göttliche erfahren. So erzählen wir es uns wieder und wieder, und ich vermute, dass vielleicht nicht alle, aber doch die meisten, die mit Funktionsjacken und moderner Ausrüstung die gesicherten Wege hinaufwandern, diesem inneren Drehbuch folgen. Kommen sie tatsächlich geläutert zurück? Sie wollen es zumindest glauben. Und auch im Alpen-Tourismus ist nichts so mächtig wie der Placebo-Effekt.

3

Der Gipfelsturm als Schwergeburt
oder: Gondeln gilt nicht!

Wie wir etwas erleben, hängt stark davon ab, wie wir davon erzählen. Das scheint zunächst paradox, doch wenn wir uns klarmachen, dass Erlebnisse einerseits im Vornhinein phantasiert und andererseits im Nachhinein mystifiziert werden, ergibt das durchaus Sinn. Nur sehr selten stürzen wir uns wirklich blindlings in ein Abenteuer; im Großteil der Fälle haben wir tradierte Vorstellungen bei der Hand, die uns einen Leitfaden darüber geben, wie wir das Durchzumachende bewerten sollen. Meistens werden uns diese Vorstellungen in Form von – eben nachträglich mystifizierten – Bildern geliefert, die uns das Unfassbare des Noch-nicht-Erlebten zumindest visuell fassbar machen sollen. Imagination – in diesem Wort steckt der Begriff „Imago" für Bild – ist hier der Schlüssel. Wir imaginieren, was uns bevorsteht, und wenn wir es dann erleben, versuchen wir, das vorgeformte Bild mit dem tatsächlich Erlebten in Einklang zu bringen.

Das gilt, wie wir gesehen haben, auch und gerade für unsere Vorstellung, was Bergsteigen bedeutet. Ob wir uns die angebotenen Bilder aneignen wollen oder nicht, hängt wiederum von der Vereinbarkeit des eigenen und fremden Bildrepertoires ab.

Ein Aha-Moment in dieser Hinsicht war für mich eine Diskussion mit einem befreundeten Ehepaar, das kurz vor der Geburt seines ersten Kindes stand. Ich fragte arglos nach, ob die Frau in Erwägung ziehe, den Geburtsvorgang durch schmerzlindernde

Mittel zu unterstützen. Die geradezu empörte Reaktion kam für mich völlig unerwartet. Niemals käme sie auf so eine abstruse Idee, wurde ich belehrt. Eine Geburt sei wie Bergsteigen. Nur wenn man aus eigener Kraft zum Gipfel gelangt sei, könne man die Aussicht wahrhaft genießen. Wer die Seilbahn nehme, könne die tiefere Bedeutung des Aufstiegs nicht nachvollziehen. Liebe Leserinnen und Leser, ihr seht: Wir waren wieder bei Petrarca.

Ich wandte – nun freilich schon deutlich eingeschüchtert – ein, dass man die Geburt des Kindes doch nicht als Höhe- und Endpunkt des Weges betrachten könne, da der Weg hier doch eigentlich erst anfange. Und an eine Seilbahn (im Sinne einer medikamentösen Unterstützung des an seine Grenzen stoßenden Körpers) sei von da an nicht mehr zu denken. Das wollten unsere Freunde nicht gelten lassen. Die Geburt, beharrten sie, sei der Gipfel und basta.

Ich sagte nichts mehr. Allerdings war ich doch sehr beeindruckt, was die Macht eines Bildes ausrichten konnte. In meinem Kopf ging es freilich weiter. Ich stellte mir vor, wie die frischgebackene Mutter mit ihrem Neugeborenen auf dem Gipfel steht, sturmumtost, abgekämpft, erschöpft. Und jetzt? Lang kann man sich auf einem Berggipfel nicht aufhalten, um das Panorama zu genießen, man muss auch wieder runter. Das war in der Geburt-als-Gipfelsturm-Phantasie allerdings nicht vorgesehen. Mich erstaunt bis heute, dass diese löchrige Metapher tatsächlich so wirkungsvoll war, dass mit ihr im Hintergrund der Einsatz von Schmerzmitteln unter der Geburt als völlig inakzeptabel angesehen wurde.

Was hat das nun mit dem Thema des Bergtourismus zu tun? Doch einiges.

Wenn das Gebären eines Kindes mit dem Besteigen eines Berges verglichen werden kann, gilt das dann auch umgekehrt? Ist der Gipfelsturm eine Art Geburt?

Mit Petrarca könnte man sagen: ja, zumindest im Sinne einer spirituellen Wiedergeburt. Wobei, und das zeigt mein obiges Beispiel auch, es eine wesentliche Rolle spielt, wie man an das Ziel gelangt. Da gibt es nämlich offensichtlich einen richtigen und einen falschen Weg. Der falsche Weg, symbolisiert durch die Seilbahn, zerstört das Ziel oder genauer: den Genuss des Am-Ziel-angelangt-Seins. Wir lernen: Der wahre Genuss stellt sich erst ein, wenn er durch Schmerzen, Opfer, Mühsal errungen wurde. Erst dann weiß man eigentlich, was man an der Aussicht hat.

Man möchte einer angeblich so spaßorientierten Freizeitgesellschaft wie der unseren gar nicht eine derartige masochistische Entsagungsmoral zutrauen. Und doch haben wir sie bis ins Mark verinnerlicht, tradiert über Generationen, und uns klingt der mahnende Tonfall der Mutter im Ohr, wenn es da heißt: Erst die Arbeit, dann das Spiel. Und Arbeit ist sauer, hart und kräftezehrend, sonst gilt sie nicht. Außerdem: Schmeckt das Brot nicht noch einmal so gut, wenn man es im Schweiße seines Angesichts errungen hat?

Mein ewiger Widerspruchsgeist wäre geneigt zu antworten: keineswegs. Wie wir aber gelernt haben, ist das die falsche Antwort. Wer sich an den Gipfel gondeln lässt, hat das Ziel verfehlt. Denn, das wissen wir ja auch, nicht das Ziel ist das Ziel, sondern der Weg (aber nur, wenn er möglichst steil und steinig ist).

Hier zeigt sich eine zutiefst christliche Besonderheit: Der Weg zur Verzückung, zur Ekstase, zur Erleuchtung führt über beschwerliches, gefährliches Gelände, er ist entbehrungsreich und schweißtreibend. Mogeln gilt nicht. Wer mogelt, ist ein Tourist. Und das will nun wirklich keiner sein (dazu später mehr). Der echte Reisende geht überallhin zu Fuß. Wenn er dann mit zerschlissenen Schuhen und kaputten Kniegelenken hinab ins Tal blickt, darf er als Märtyrer der wahren Pilgerfahrt Zeugnis ablegen über die Größe der Natur, das Wunder der Schöpfung und die Metaphysik des Hühnerauges. Sein Leiden legitimiert erst seinen Genuss, sein Opfer macht ihn erst zum Eingeweihten. Alle anderen können nicht mitreden. Oder würden Sie einem Extrembergsteiger zuhören, der noch alle Fußzehen beisammen hat? Na also.

Ich hingegen halte es lieber mit Siddhartha Gautama, genannt der Buddha. Der gelangte nämlich zur Erleuchtung, indem er sich an einem Flussufer unter einen Baum setzte. Einfach so.

4

Einrichten und zurichten
oder: Der dressierte Berg

Der Berg als Mysterium und Sitz des Heiligen mag beeindrucken, seine Unzugänglichkeit auf manche anziehend wirken, doch in seiner wilden und ungezähmten Form bleibt er für die meisten ein unnahbarer Sehnsuchtsort. Wo nur schmale Pfade neben Abgründen in die Höhe führen, wo Erdrutsch, Steinschlag und Ungemach drohen, lassen sich keine wandernden Massen anlocken. Anders gesagt: Es nützt den Berglern nichts, wenn ihre Berge schön und imposant sind, solange sie nicht auch zugänglich und gastfreundlich werden. Aber da kann man ja ein bisschen nachhelfen. Der Mensch ist ein Meister darin, sich die Natur nach seinem Bedarf einzurichten – und nicht selten wird aus dem Einrichten ein Zurichten.

Im Fall des Berges beginnt das Einrichten zunächst mit dem Eliminieren von Gefahren und Unannehmlichkeiten, erschöpft sich aber keineswegs darin. Sind die steilen und schmalen Wege erst einmal geebnet und kinderwagentauglich, rutschgefährdete Hänge gesichert, potenziell gefährliche Tiere unschädlich gemacht (sprich: ausgerottet), geht der Spaß erst los. Der Phantasie sind keine Grenzen gesetzt, um die Wanderer, Erholungssuchenden, Abenteurer und Adrenalinjunkies gleichermaßen in die Berge zu locken. Atemberaubende Luftbilder urtümlicher Felsformationen sorgen für die Sehnsucht, den Rest erledigen Planierraupe, Bagger und Beton.

Der eingerichtete Berg mit breiten, gut gesicherten Wegen, mit Beschilderungen, Kletterhaken, Drahtgeländern, Aussichtspunkten und Gipfelkreuzen, mit Ruhebänklein, Unterständen und Gaststätten, mit Kinderspielplätzen, Seilbahnen, Skiliften, Abfahrtspisten und Rodelbahnen, Bike-Trails, abgesprengten Kuppen, umgepflügten Gletschern, künstlichen Seen und Beschneiungsanlagen, mit Konzertbühnen, Erlebnispfaden und anderen Attraktionen, garniert mit Plastik- oder Holzskulpturen jener alpinen Tierwelt, die vor dem Trubel längst Reißaus genommen hat, hat mit seinem Urzustand in etwa so viel gemein wie ein überzüchteter Mops mit einem Wolf. Der Vergleich mag zunächst irritieren. Wenn wir uns aber vor Augen halten, dass den meisten von uns ein Mops um ein Vielfaches lieber ist als ein Wolf, auch wenn der Mops mit seiner plattgedrückten Schnauze kaum noch Luft bekommt, dann passt das Bild wieder. Die wildromantische Vorstellung des Ungezähmten und Ursprünglichen ist genauso lange attraktiv, bis die unberechenbare und bedrohliche Seite der Wildnis zum Vorschein kommt. Kein Wunder, dass wir unsere sehr eigene Vorstellung davon haben, was Natur ist (oder vielmehr: zu sein hat). Knopfäugig, sanft und schön, harmonisch und friedvoll soll sie – darf sie! – sein. Was in dieses Bild nicht passt, wird passend gemacht. Gämsen, Steinböcke, Murmeltiere ja, Wölfe und Bären nein – hier wiederholt sich im Großen, was im Kleinen genauso zu beobachten ist. Bienen und Schmetterlinge sind uns willkommen, Wespen und Stechmücken müssen weichen. Wir sehen: Die vielfach beklagte „Disneylandisierung" der Alpen hat nicht erst mit dem Aufstellen riesiger Sport- und Spaßanlagen begonnen.

Hier ergibt sich eine kognitive Dissonanz, mit der wir interessanterweise sehr gut zurechtkommen. Einerseits wünschen wir uns unberührte Landschaften und authentische Naturerlebnisse. Andererseits identifizieren wir erst die eingerichtete Landschaft überhaupt als authentisch. Verbuschte und verwaldete Almen gelten uns als ungepflegt und verwahrlost – und die Möglichkeit, beim Wandern einem Bären zu begegnen, begrüßen wir nicht als einmaliges Naturerlebnis, vielmehr denunzieren wir die „politisch korrekte" Fahrlässigkeit einer abgehobenen Tierschützerlobby.

Wer hier konsequent weiterdenkt, erblickt im zugerichteten Berg eben jene dressierte Natur, die wir gemeinhin überhaupt erst als akzeptabel anerkennen. Zwar kommen die Murmeltiere noch nicht auf Befehl aus den Löchern, aber wir arbeiten daran. So wird der Berg erst im Moment seiner Verkrüppelung und Unkenntlichmachung zum Wander- und Sportparadies, und vielleicht liegt darin das Wesen der Paradiese überhaupt. Die Inszenierung tritt an die Stelle des Echten – und erst in der Inszenierung erfüllt sich das Glücksversprechen. So entzückend der Anblick echter Schneeflocken auch sein mag, wer zum Skifahren in die Berge fährt, erfreut sich an der perfekt präparierten Piste auch dann, wenn das Material dafür aus der Kanone kommt. An den Anblick weißer Bänder auf gelbbraunen Berghängen haben wir uns zunehmend gewöhnt. Und Hand aufs Herz: Echter Schnee ist gar nicht so toll. Er fällt unkontrolliert auch dahin, wo man ihn nicht haben will, er muss aufwendig geräumt werden, und am Ende gibt es eine Lawine. Dann doch lieber menschengemachter Schnee, der punktgenau dort eingesetzt wird, wo er Spaß macht. Blöd nur, dass es durch den Klimawandel immer wärmer wird. Doch mit ein paar technischen Innovationen bekommen wir auch dieses Problem noch in den Griff. Vielleicht gelingt uns sogar der Durchbruch zum schmelzsicheren Kunstschnee für das Skivergnügen im Hochsommer. Es wäre naiv zu glauben, dass derlei Angebote aufgrund ihrer Absurdität bei den Kunden nicht ankämen. Sobald etwas machbar ist, wird es gemacht. Und je länger es gemacht wird, desto mehr verliert es seine Ungeheuerlichkeit. Am Ende siegen Gewohnheit, Bequemlichkeit und Trägheit.

So entsteht eine unaufgelöste und unauflösbare Diskrepanz zwischen unserer Mystifizierung des Berges einerseits und unserem Wunsch nach Zugänglichkeit, Kontrolle und Sicherheit andererseits. Wir möchten unsere Kinder an das Naturerlebnis heranführen – am liebsten auf buggytauglichen Wegen, die sich direkt von der Seilbahnstation sanft geschwungen zum Gipfel schlängeln. Und warum sollten Menschen mit Gehbehinderungen oder verminderter körperlicher Leistungsfähigkeit vom Genuss der Bergwelt ausgeschlossen werden? Hier meldet sich auch unser Sinn für soziale Gerechtigkeit – die Berge sind für alle da! Zugleich spüren wir, dass hier geschummelt wird. Ich schrieb es bereits: Gondeln gilt nicht. Dumpf drückt uns hier das Gewissen. Die Authentizitätssurrogate, die uns als Ersatz für das unwiederbringlich Zerstörte geboten werden, geben uns vielleicht ganz kurz einen Stich. Eigentlich, ahnen wir, müsste das doch anders laufen. Man müsste sich den Berg verdienen. Aber dann zerstreut unser Hedonismus sämtliche Bedenken. Wozu sind denn die Seilbahnen da, wenn nicht, um genutzt zu werden? Und wir schinden uns im Alltag doch schon genug. Da darf es in der Freizeit auch einmal gemütlicher zugehen. Und außerdem sind wir auf Urlaub. Da gelten sowieso andere Regeln.

Doch dazu mehr im nächsten Kapitel.

5

In und aus der Welt
oder: Sieh, das Ferne liegt so nah

Der Berg vor der Haustür taugt nicht zum Urlaubstraum. Sehnsucht erzeugt nur das Ungreifbare. Die greifbare Welt um uns hingegen verschwimmt allzu leicht zu stumpfgrauem Alltag, dem wir auf allen Wegen des Geistes zu entfliehen trachten. Das gewohnte Umfeld unserer eigenen vier Wände, unseres Arbeitsplatzes, unserer täglichen Wege wäscht sich rasch zur trüben Kulisse des Gegebenen aus, in der wir uns halb blind bewegen, während unsere Phantasie in gleißenden Farben Sehnsuchtsorte imaginiert. Und noch nie wurde uns geistige Abwesenheit so leicht gemacht wie heute. Zu den bisherigen Angeboten zur Realitätsflucht in Form von Büchern, Zeitschriften, Film und Fernsehen gesellen sich die digitalen Medien, die uns auf unzähligen Kanälen Abwechslung, Spaß und aufregende Entdeckungen versprechen. Sie ermöglichen uns, auf Bürostühlen, Plüschsofas, hinter Schulbänken oder in Zugabteilen sitzend ganz woanders zu sein. Wir müssen nicht mehr warten, wir müssen Langeweile nicht mehr aushalten. Der Ausweg liegt wortwörtlich auf der Hand. Die dreidimensionale Realität unseres Körpers tritt hinter der zweidimensionalen des Displays zurück – denn diese hält den Schlüssel zu unserem Inneren. Emotional verpackte Inhalte, durch das Getöse der digitalen Echokammern verstärkt, peitschen uns auf, wir lassen uns im Strom der Timeline von einem Stimulus zum nächsten treiben und sind für

Minuten oder sogar Stunden völlig aus der Welt. Und das ist gut so: Denn die analoge Welt rund um uns ist mühselig, trist, unerfreulich. Auch das gehört zu den mantrahaft wiederholten Glaubenssätzen der digitalen Community: Das Glück ist immer anderswo, vorzugsweise in der Natur, fern von den Menschen, am liebsten dort, wo grade die Sonne untergeht. Denn: Das Glück ist fotogen. Deswegen versprechen erhabene Aussichtspunkte, schneebedeckte Gipfel, bizarre Landschaften, uralte Bäume, kristallklare Seen, liebliche Meeresbuchten ein besonderes Glückserlebnis. Zur Not tun es auch menschengemachte Sehenswürdigkeiten, der Eiffelturm, der Schiefe Turm von Pisa, die Chinesische Mauer. Oder eine abenteuerliche Hängebrücke in Oberbayern. Wer diese Orte aufsucht, kann für Minuten die Trennung zwischen Körper und Geist überwinden und in wenigen magischen Augenblicken ganz in der Welt und also ganz bei sich sein. Kein Wunder, dass zahllose Reiseratgeber uns regelrechte Abhaklisten zur Verfügung stellen, auf denen wir die genauen Koordinaten für die seltene Unio mystica von Welt und Ich erfahren. Die ansprechenden Bilder werden zur Projektionsfläche unseres Traums von Selbstverwirklichung: Nur dort, wo die Sonne in lodernden Farben über der Serengeti aufsteigt, können wir endlich sein, was wir nie waren: wir selbst.

Jetzt müssen wir nur noch hin. Aber das ist heute kein Problem mehr. Noch nie waren wir so mobil, noch nie war die Welt so klein. Wenn Rio de Janeiro ruft, ist nicht die Anreise das Problem, sondern die Auswahl des richtigen Bikinis. Selbst die entlegensten Winkel des Planeten sind innerhalb weniger Stunden, höchstens Tage, zu erreichen. Und die touristischen Hotspots gehören ohnehin zum Kurzurlaub-Repertoire des sich für kosmopolitisch haltenden Westeuropäers. Das Shopping-Wochenende in London, das Champagner-Frühstück in Paris, der Junggesellenabschied auf Malle, selbst ein dreitägiger Abstecher nach

New York, um beim traditionellen Entzünden der Lichter auf dem Weihnachtsbaum des Rockefeller Centers dabei zu sein, all das fühlt sich fast so normal an wie ein Tagesausflug in die nähere Umgebung. Durch die Corona-Pandemie hat diese Realität freilich Risse erhalten. Vielen von uns wurde erstmals bewusst, wie außergewöhnlich unsere als grenzenlos wahrgenommene Reisefreiheit ist. Während wir wie selbstverständlich davon ausgehen, dass anderen die Ausreise (oder häufiger: die Flucht) aus ihren Herkunftsländern verwehrt bleibt (oder wenn schon nicht das, so zumindest die Einreise in unser Land), nehmen wir ebenso selbstverständlich für uns in Anspruch, nach Belieben unsere Reiseziele bestimmen zu können – und zu erschwinglichen Konditionen hintransportiert zu werden. Während ich diese Zeilen schreibe, ist die Welt eine andere geworden. Im April 2020 lebten 91 Prozent der Weltbevölkerung in Ländern mit geschlossenen oder zum Teil geschlossenen Grenzübergängen. Und auch am Beginn des Jahres 2021 gelten je nach Herkunftsland, je nach Reiseziel drastische Beschränkungen.

Der Unmut ist groß. Wozu hat man denn überhaupt Urlaub, wenn man nicht wegfahren darf? Das kann doch wohl nicht wahr sein! Wenn wir nicht mehr verreisen dürfen, wohin es uns behagt, können wir das Versprechen nicht mehr einlösen, wenigstens in den Ferien wir selbst und damit endlich in der Welt zu sein.

Denn so richtig in der Welt sind wir erst, wenn wir aus der Welt sind.

Der Mensch ist ein Fußgänger

Dominik Siegrist, Professor für naturnahen Tourismus an der „OST Ostschweizer Fachhochschule"

Es gibt viele Routen von Wien nach Nizza. Eine davon, vielleicht die beschwerlichste, führt über die Alpen. Mehr als 1.800 Kilometer ist sie lang. Dominik Siegrist hat sie gleich zweimal bewältigt: zu Fuß. Mehr als 80.000 Höhenmeter aufwärts hat er dabei jeweils hinter sich gebracht. Die „Fortbewegung aus eigenen Körperkräften", wie er es nennt, fasziniert ihn. „Ich benötige kein Fahrzeug dafür, nicht einmal ein Fahrrad, geschweige denn einen Motor. Ich kann einfach gehen. Das finde ich etwas Faszinierendes, dass man mit Gehen eigentlich überall hinkommt. Es braucht einfach mehr Zeit."

Vier Monate hat seine letzte Alpendurchquerung im Jahr 2017 gedauert, ein Kompagnon und zweihundert Menschen haben ihn dabei dauernd oder etappenweise begleitet. In seinem Buch „Alpenwanderer" dokumentiert Siegrist dieses Projekt, das auf whatsalp. org auch im Internet zu finden ist. Es handelte sich dabei keineswegs um eine sportliche Herausforderung, bei der irgendwelche Rekorde angepeilt wurden, wie ein Blick auf die Routenplanung zeigt. Vielmehr boten zahlreiche Ruhetage und kürzere Etappenabschnitte die Gelegenheit, sich mit einem Gebiet und seinen Besonderheiten vertieft auseinanderzusetzen oder Menschen zu treffen und mit ihnen zu sprechen. Das ist der gemeinsame Tenor von Siegrists zahllosen Wanderungen, die sich wie ein Spinnennetz über die gesamten Alpen ziehen: Sie sind Spurensuchen und Bestandsaufnahmen, Schulung und Sensibilisierung in einem. Schritt für Schritt den Wandel der Landschaft, die kontrastierenden Realitäten, die Konflikte und Probleme zu erfassen und daraus nicht nur persönliche, sondern gesellschaftliche Konsequenzen zu ziehen, ist dem Schweizer ein zunehmend dringlicheres Anliegen.

Bereits als Student der Geographie hatte er sich mit den großen Fragen wie etwa der Verteilungsgerechtigkeit zwischen dem globalen Norden und Süden beschäftigt: „Mich interessierten damals die großen Dimensionen und ich dachte, wir müssen die riesigen Probleme auf übergeordneter Ebene lösen und die politischen Systeme verändern." Später wollte Siegrist zumindest im Kleinen zur Veränderung beitragen. Über Jahre hinweg arbeitete er mit seiner Firma AlpenbüroNetz und später als Präsident der Internationalen Alpenschutzkommission CIPRA mit zahlreichen Partnern im Alpenraum an neuen Lösungen für Tourismus, Landwirtschaft und Sozialleben. „Ich habe nicht Skigebiete oder Resorts beraten, mich hat der natur- und kulturnahe Tourismus interessiert. Auf die Industrialisierung der Alpen habe ich mich beruflich weniger eingelassen, außer dass ich gewisse Großprojekte immer wieder kritisiert habe." Die Industrialisierung der Alpen – damit meint Siegrist den intensiven Tourismus, die Stauseen und die Urbanisierung. Zwar erkennt er deren wirtschaftliche Bedeutung für die Alpenregionen an, doch dem Immer-mehr-und-immer-größer erteilt er eine Absage.

Wer auf Massentourismus setze, solle nicht vorzutäuschen versuchen, das kleine idyllische Bergdorf zu sein – beides zugleich vertrage sich schlecht: „Diese alten Orte mit ihren intakten Dorfkernen, wie es sie beispielsweise im Unterengadin gibt, präsentieren sich heute beinahe wie Museen, aber sie sind auch sprechende Zeugen einer vergangenen Epoche. Das Ziel sollte es sein, diesen Gemeinden ihre Alltagskultur zu erhalten, indem dort weiterhin eine altersmäßig gut durchmischte Bevölkerung ansässig sein kann." Wenn aber die Zweitwohnungen überhandnähmen, seien diese Orte tot. Läden, die Post und die Schule würden dann in die nächstgrößeren Zentren verlagert und die Menschen müssten sich jeden Tag in ihr Auto setzen.

„In der Schweiz ist die ganze Landfläche durch die Zweitwohnungen aufgefressen worden, sodass die Hotellerie gar keine Möglichkeiten mehr hat, sich zu entwickeln. Die Leute gehen in der Schweiz in ihre Zweitwohnung in die Ferien und nicht in die Hotels. Da hat man es auch verpasst, einen Riegel vorzuschieben und zu sagen, man möchte für die Hotellerie die Zukunftschancen erhalten. Dabei ist ein Hotel, wenn es gut geführt ist, ein Betrieb, der wirklich auch Wertschöpfung bringt für eine Region. Und eine Zweitwohnung, die dann auch noch elf Monate leer steht, bringt keine Wertschöpfung, hat die Landressourcen aufgebraucht, kostet die Gemeinde viel wegen der Erschließung – da gibt es auch Studien dazu. Wenn man wenigstens Hotels hätte und einen gescheiten Tourismus, der auf den Hotels basiert – aber in vielen Tourismusgemeinden in der Schweiz hat man ja kaum mehr Hotellerie."

Siegrist geht es nicht darum, den Massentourismus zu verteufeln. Vielmehr sieht er darin eine Industrie, wie es diese in anderen Gebieten auch gebe. „Orte mit Intensivtourismus haben einen anderen Charakter, der durchaus auch seinen speziellen Charme haben kann. Ich denke an die Pseudo-Alpenarchitektur mit ihren siebenstöckigen Jumbo-Chalets und holzverkleideten Après-Ski-Einrichtungen. Das finde ich fast schon wieder schön, weil es so absurd ist." Ehrlicher sei es allerdings, wenn sich diese Tourismushochburgen auch tatsächlich als Städte präsentieren würden, mit einer zeitgemäßen Architektur: „Wieso nicht auch mit Hochhäusern? Mir schweben urban gestaltete Quartiere mit guten Hotelbetten und qualitativ hochwertigen Ferienwohnungen vor. Natürlich bewirtschaftete Ferienwohnungen und nicht kalte Betten, die die längste Zeit im Jahr leer stehen."

Siegrist fügt hinzu, dass solche Tourismusstädte durchaus klimaneutral gebaut und betrieben werden können. Er verweist auf Destinationen wie Serfaus in Tirol oder Flims-Laax in Graubünden, die gerade versuchten, Schritte in diese Richtung zu machen. Er erinnert an das Ziel des Pariser Klimaabkommens von 2015, die globale Erwärmung auf deutlich unter zwei Grad zu begrenzen. „Dies bedeutet nicht mehr und nicht weniger, als dass wir vollständig aus den fossilen Energieträgern Öl, Gas und Kohle aussteigen müssen. Es wird also kein Motorfahrzeugverkehr mit Benzin- und Dieselfahrzeugen mehr geben, Öl- und Gasheizungen werden verschwunden sein, wir müssen auf Flüge mit fossilem Kerosin verzichten sowie auf eine klimaverträglichere Ernährung mit deutlich weniger Fleisch umsteigen, und auch ein Ende des Verschleißes von Konsumgütern ist unverzichtbar."

Doch was heißt das für den Tourismus in den Alpen? Gerade die Bergregionen sind von den Folgen des Klimawandels bereits heute besonders stark betroffen: „Ich vermisse die Reflexion seitens der Tourismusverantwortlichen über dieses Problem. Ich habe den Eindruck, dass sie einfach darauf warten, was von der Politik kommt, und gleichzeitig darauf hinwirken, dass der Wandel möglichst lange hinausgezögert wird." Stattdessen solle der Tourismus jedoch proaktiv auf die Herausforderungen zugehen und mit seinen eigenen Beiträgen aufzeigen, dass Netto-Null auch in dieser Branche möglich sei.

Es sei nicht zu bestreiten, dass der Schweizer Bergtourismus in einer wirtschaftlich schwierigen Phase stecke. Der starke Schweizer Franken mache den Betrieben seit Jahren zu schaffen und gerade der wichtige deutsche Markt sei schon lange vor Corona eingebrochen. Dennoch findet es Siegrist problematisch, dass Teile des Schweizer Tourismus nun auf den asiatischen Markt setzten. Allein 2018 hätte die eine Million Gäste aus China mit ihren Fernflügen deutlich mehr Treibhausgase verursacht als der gesamte Autoverkehr in der Schweiz. „Ist das in der heutigen Zeit überhaupt noch vertretbar?"

So werde der Schweizer Tourismus seinen notwendigen Beitrag zum Klimaschutz jedenfalls nicht leisten können. Siegrist erinnert an eine alte Faustregel, nach der man sich so viele Wochen an einem Ort aufhalten solle, wie man Tausende Kilometer dorthin zurückgelegt habe. „Also wenn jemand aus Japan 10.000 Kilometer in die Alpen fliegt, sollte er sich mindestens zehn Wochen hier aufhalten. Wenn sich alle an diese Faustregel halten würden, könnte man die weltweiten Flugreisen bereits auf ein Fünftel von heute reduzieren." Siegrist skizziert einen Netto-Null-Alpentourismus. Das werde ein Tourismus sein, der mit deutlich weniger Mobilität auskomme, nicht nur in der Luft, sondern auch auf der Straße. Der öffentliche Verkehr werde eine viel größere Bedeutung erhalten als heute, wo der Individualverkehr noch dominiere. „Eisenbahn- und Autoverkehr werden in erster Linie elektrisch abgewickelt werden, der Bus- und LKW-Betrieb werden möglicherweise auf Basis von klimaneutral produziertem Wasserstoff erfolgen. Hotels, Freizeitanlagen und Gebäude werden vollständig mit erneuerbaren Energiequellen beheizt sein. Und auch sonst werden wir darauf achten müssen, dass wir mit unseren Ressourcen viel schonender umgehen als heute. Die Bilder von Müllhalden am Saisonende mit nicht mehr gebrauchten Skiern werden dannzumal der Vergangenheit angehören." Um die zusätzlich benötigte elektrische Energie zur Verfügung zu haben, müssten wir in erster Linie die Solarenergie in Kombination mit neuen Techniken der Energiespeicherung nutzen.

Der Tourismus in den Alpen werde sich aber auch insgesamt stark wandeln. Die heutige Ski-Monokultur werde in differenzierte Tourismusformen übergehen. Die Ursachen dafür seien vielfältig und lägen auch in der allgemeinen gesellschaftlichen und wirtschaftlichen Entwicklung. Die steigenden Temperaturen seien nur ein Grund dafür. „Besonders in der warmen Jahreszeit dürften touristische Aktivitäten, die nicht auf große Infrastrukturen in der freien Landschaft angewiesen sind, mittelfristig zum Mainstream werden. Dies wird generell zu einer Ökologisierung des Alpentourismus führen."

Ein neues touristisches Bewusstsein breche sich mehr und mehr die Bahn, auch befeuert durch die Corona-Pandemie: „Für die meisten Menschen ist es zum ersten Mal diese existenzielle Grunderfahrung, dass nicht alles so bleibt, wie es war. Es sind nicht unbedingt die Einschränkungen durch den Staat, sondern es ist die Pandemie an und für sich, die Tatsache, dass dieses Virus existiert und uns alle bedroht. Diese Erfahrung verändert die Menschheit." Wohin das gehe? „Ich glaube nicht, dass dadurch nun auf einmal die große Weltverbesserung eintritt, mit der Klima und Umwelt gerettet werden. Aber die mit Covid-19 zusammenhängenden seelischen Erfahrungen bringen für uns alle schon weitreichende Folgen mit sich. Wir erkennen nun, dass wir trotz Spitzenmedizin und Hochtechnologie ziemlich verletzlich bleiben. Und dass sich unsere Gesellschaft und Wirtschaft verändern müssen, wenn sie solchen und ähnlichen Krisen künftig resilienter begegnen wollen. Da denke ich nicht nur an weitere Pandemien, sondern auch an die sich verschärfende Klimakrise."

Von schwammigen Marketingbegriffen und Alibi-Aktionen für einen falsch verstandenen „sanften Tourismus" hält Siegrist freilich nichts. Eine wirklich nachhaltige Entwicklung müsse einlösen, was sie verspreche. Er verweist auf die von der UNO definierten siebzehn Ziele, den Sustainable Development Goals oder SDGs, die auch für den Tourismus gelten. Statt vom „sanften" oder „nachhaltigen" Tourismus spricht er daher lieber vom natur- und kulturnahen Tourismus, für den klare Definitionen vorlägen. Dabei gehe es um für den Tourismus so wichtige Bereiche wie Strategie und Positionierung, Angebotsentwicklung, Mobilität, Schutz von Natur und Landschaft, Kommunikation und Marketing sowie regionale Wertschöpfung.

Der im Corona-Sommer 2020 boomende Outdoor-Tourismus habe bei vielen Gemeinde- und Tourismusverantwortlichen die Einsicht reifen lassen, dass ein funktionierendes Besuchermanagement unabdingbar sei. Das könne ein taugliches Werkzeug zur Entlastung von Naturgebieten und zur gleichzeitigen Verbesserung der Angebotsqualität sein: „Konkret geht es um gute Angebote, um Information und Lenkung der Besucher durch Wegweiser und bauliche Vorkehrungen, falls nötig bis hin zu Verboten." Als wirksames Mittel der Besucherlenkung erweise sich auch immer wieder die Schließung von Bergstraßen für den touristischen Durchgangsverkehr.

Also doch lieber zu Fuß gehen? Für Dominik Siegrist, den Alpenwanderer, keine Frage. „Mir und ganz vielen Menschen macht zu Fuß gehen Spaß. Wandern ist eine ganz ursprüngliche Form der Bewegung. Die Menschen sind die längste Zeit in ihrer Geschichte zu Fuß gegangen. Und auch heute noch ist der Mensch ein Fußgänger."

Ganz so schnell werden wir allerdings noch nicht kollektiv zu Fuß in den Urlaub gehen. Der Wandel hin zur Nachhaltigkeit brauche Zeit, das ist Siegrist klar, auch wenn er gleichzeitig darauf hinweist, dass wir dafür eigentlich nicht mehr viel Zeit hätten. Und noch etwas sei entscheidend: „Wir Menschen kommen sowieso nur in eine wünschbare Zukunft, wenn jede und jeder von uns einsieht, dass es keinen Weg gibt, der an der nachhaltigen Entwicklung vorbeiführt. Wenn uns der Staat einfach vorschreibt, ihr müsst jetzt dies und das tun, wird das nicht funktionieren. Die Politik hat die Aufgabe, geeignete Rahmenbedingungen zu setzen, aber unser Bewusstsein müssen wir selber verändern."

Der partizipative Ansatz, den Siegrist verfolgt, ist mit mühsamen, oft langwierigen Prozessen verbunden. Und obwohl er am Konzept der kleinen Schritte festhält, räumt er auch ein, dass er mittlerweile wieder zur Überzeugung seiner Studentenjahre zurückgekehrt sei: „Nach drei Jahrzehnten solch minutiöser Arbeit bin ich wieder an dem Punkt – nicht zuletzt auch durch die Klimadiskussion angeregt – dass ich sagen muss, wir schaffen es nicht mit diesen kleinen Veränderungen. Wir müssen in absehbarer Zeit den Turnaround im Großen schaffen, sonst wird unsere Zukunft ganz, ganz schwierig."

Am Ende unseres Gesprächs frage ich ihn, was er verändern würde, wenn er einen Zauberstab hätte. „Dass unsere Welt, in diesem Fall vor allem der Tourismus, nicht mehr so stark vom Geld getrieben ist. Wenn uns dieser Systemwechsel gelingt, können ganz viele Dinge ganz von allein anders laufen. Dann darf der Boden nicht mehr spekulativ verwertet werden, es werden vielleicht Projekte realisiert, bei denen andere Werte als die Gewinnmaximierung im Vordergrund stehen. Dann gibt es nicht mehr den Druck nach immer mehr Wachstum im Tourismus und weniger Bedarf von Investoren nach Erschließung unberührter Berglandschaften. Der Mensch mit seinen ureigensten Bedürfnissen steht dann wieder mehr im Zentrum. Denn das Reisen ist für uns alle etwas Grundlegendes, einst, heute und in Zukunft. Aber nicht Marketing und finanzieller Gewinn dürfen der Maßstab sein, sondern die Reisenden selbst. Ich würde den Zauberstab in diese Richtung lenken."

★ ★
WILDER KAISER

Menschen auf Reisen

Nicht irdisch ist des Thoren Trank noch Speise.
Ihn treibt die Gährung in die Ferne,
Er ist sich seiner Tollheit halb bewußt;
Vom Himmel fordert er die schönsten Sterne,
Und von der Erde jede höchste Lust,
Und alle Näh' und alle Ferne
Befriedigt nicht die tiefbewegte Brust.

Goethe, Faust, Prolog im Himmel

1

Bei den Ägyptern hätte es das nicht gegeben oder: Reisen als moralischer Imperativ

Für die Ägypter des Altertums gab es nur eine wichtige Reise, eine Reise, auf die das ganze Leben zulief: die Reise ins Jenseits. Auf diese galt es sich vorzubereiten, denn um auf dieser Reise zu bestehen, musste man ein sehr detailliertes Zeremoniell einhalten. Der Bestattungsritus auf heimatlichem Boden spielte hierbei eine zentrale Rolle. So gab es für die Ägypter dieser Zeit keine schlimmere Vorstellung als jene, fern der Heimat zu Tode zu kommen und nicht standesgemäß bestattet zu werden. Trotz des regen Handels, den sie mit Nubiern, Sumerern, Phöniziern und anderen Völkern trieben, waren die Ägypter also stets darauf bedacht, sich nicht zu weit von ihrer Heimat zu entfernen, um die wichtigste, größte Reise ihres Lebens nicht zu gefährden. War also ein Ägypter unterwegs, so geschah es sozusagen dienstlich. Neue Handelsrouten zu erschließen und neue Märkte zu erobern, wie man das heute ausdrücken würde, war wichtig und das damit verbundene Unterwegssein eine notwendige Begleiterscheinung. Das wahre Glück jedoch, das glaubten diese Menschen fest, lag in der Heimat, dem Schwarzen Land.

Mit dieser Einstellung waren die Ägypter nicht allein. Vielen Kulturen galt das unstete Umherschweifen, das Vagabundieren und In-der-Welt-Herumkommen als Zeichen eines zweifelhaften Charakters. Gewiss, Herrscher hatten ihre Herrschaftssitze, zwischen denen sie sich bewegten wie auf einem Schachbrett,

Scholaren ihre Klöster und später Universitäten, und Missionare nahmen weite Wege auf sich, um ihre Botschaft an die entlegensten Zipfel der Erde zu bringen. Immer aber war das Reisen Mittel zum Zweck und nicht selbst schon das Ziel. Irgendwohin zu fahren, um zu erleben, wie es ist, dort zu sein, das wäre den meisten Menschen vergangener Tage reichlich absurd erschienen. Die erste „Hybridform", die schon Ansätze des modernen Tourismus zeigte, war wahrscheinlich die Pilgerreise. Auch hier reiste man noch nicht um des Reisens willen, aber doch schon aus spirituellen, nicht ökonomischen Gründen. Der Besuch eines entlegenen Heiligtums, das einen ganz besonderen, regional verwurzelten Segen verspricht, geht noch auf die Zeiten zurück, in denen man an lokale Gottheiten, etwa besondere Quellgeister, Orakel und dergleichen, glaubte. Meist waren (und sind) die Heiligtümer mit einer einzigartigen Naturerscheinung verbunden, etwa mit Bäumen, Gewässern oder – wie schon erwähnt – Bergen. Die Aura des Heiligtums und die darin gewärtigte Präsenz der lokalen Gottheit gelten als heilsam, reinigend, beglückend oder zumindest tröstend. Auch in der modernen Tourismusbranche ist die Pilgerfahrt von großer Bedeutung (manche Quellen sprechen sogar davon, dass über die Hälfte aller Reisen weltweit diesen Zweck verfolgen). Den Katholiken fällt vielleicht die Wallfahrt nach Rom oder Lourdes ein, im Islam gibt es das Gebot der Pilgerreise nach Mekka (der Hadsch), den Hindus gilt der Ganges als heilig, mehrere daran gelegene Städte und vor allem die Stadt Varanasi sind alljährlich das Ziel von Millionen Pilgern. Ich vermute außerdem, dass selbst in der hedonistischsten Vergnügungsreise noch ein Körnchen Wallfahrt steckt. Unsere Sehnsucht nach Heilung, Reinigung, Beglückung oder Trost besteht nach wie vor. Und geschäftstüchtige Unternehmer haben diese Sehnsucht schon immer zu ihrem Vorteil auszubeuten gewusst. Tatsächlich ist der Weg zum Seelenheil zuweilen ein recht teurer Spaß – den exklusiven Zugang zur schamanischen Schwitzhütte im Wald muss man sich erst einmal leisten können.

Wer heute an das Reisen denkt, assoziiert es aber meist nicht zuerst mit dem Heiligen, sondern mit Bildung. Das ist insofern bemerkenswert, als Bildung ein kontroverser Begriff ist, der immer wieder andere Interpretationen erfährt und oft nur als Mittel zum Zweck gilt. In diesem Fall müsste man an fahrende Gesellen denken, wie es sie heute nur noch selten gibt, doch der wandernde Müllersbursche oder das tapfere Schneiderlein aus dem Märchen waren keine Reisenden im heutigen Sinne, sondern eher migrantische Fachkräfte. Das ist also nicht gemeint, wenn man landläufig feststellt, dass Reisen bildet. Geht es also darum, dass man sich besser merken kann, dass Berlin an der Spree liegt, wenn man in Berlin eine Spreefahrt unternommen hat? Auch nicht zwingend. Viele wollen mit diesem reichlich diffusen Satz einfach nur ausdrücken, dass es uns guttut, die oft allzu ausgetretenen Pfade eines vorgeformten Denkens und Lebens zu verlassen und zu sehen, dass es anderswo anders zugeht – und daher auch für uns ein anderes Leben möglich wäre. Das mit eigenen Augen zu sehen, ist gewiss erhellend. Trotzdem irrt, wer glaubt, nur durch Reisen allein zu einem besseren, dem Daheimgebliebenen gar in irgendeiner Form überlegenen Menschen werden zu können. Durch die oberflächliche Begegnung mit anderen Kulturen, Lebens- und Denkmodellen, geographischen und politischen Realitäten allein ist noch nicht viel getan. Erst durch eine echte Auseinandersetzung, ein vertiefendes Durchdringen und Verarbeiten des Erlebten können neue Einsichten entstehen. Ansonsten war man einfach nur in Thailand (und wie viele waren einfach nur in Thailand!). Ich bin mir daher nicht sicher, ob es für die Entwicklung von Geist und Persönlichkeit wirklich nötig ist, durch die Welt zu reisen. Ich schrieb es bereits: Zur Erleuchtung gelangt man im Zweifelsfall auch einen Steinwurf von zu Hause entfernt unter einem Baum am Fluss.

Trotzdem ist unbestritten, dass der moderne Tourismus eine kulturelle Errungenschaft ist, die auch einem aufklärerischen Gedanken von Freiheit und Gleichheit entspringt. Von den Kavalierstouren adeliger Sprösslinge im 17. Jahrhundert bis zum Strandurlaub an der Adria war es allerdings ein weiter Weg. Es bedurfte vieler kleiner Schritte, bis das Reisen „an und für sich" nicht mehr das Vorrecht einer wohlhabenden Elite war, sondern nach und nach zumindest in weiten Teilen Europas so gut wie alle Schichten der Gesellschaft erreichte und zum Massenphänomen wurde. Der Urlaub sollte gerade den Arbeitern zur Entspannung und Wiederherstellung ihrer „Nervenkraft" dienen, damit sie danach wieder umso tüchtiger malochen konnten, so jedenfalls ein Leitgedanke der nationalsozialistischen Gemeinschaft „Kraft durch Freude", die in den Dreißigerjahren als Pendant der faschistischen Opera Nazionale Dopolavoro entstanden war und unter anderem Ausflüge und Wanderungen organisierte. Adolf Hitler wird in diesem Zusammenhang mit einer noch hintersinnigeren Formulierung zitiert. Der Arbeiter solle sich in Freizeit und Urlaub ausreichend erholen können, denn: „Nur allein mit einem Volk, das seine Nerven behält, kann man wahrhaft große Politik machen."

Dass die Bevölkerung nicht nur Deutschlands, sondern der ganzen Welt nach der „wahrhaft großen Politik" erst recht Erholung nötig hatte, steht auf einem anderen Blatt.

Heute haben wir das Prinzip des „Urlaubs für alle" verinnerlicht. Die kleine Auszeit am Wochenende, die Erholungsreise in die Berge oder ans Meer sind keine Privilegien mehr, sondern gehören wie Fernseher, Waschmaschine oder Kühlschrank zur Grundausstattung – nur die Ausführung variiert. Mit eben diesem scheinbar „gerechten" und „gleichmachenden" gesellschaftlichen Anspruch nicht nur auf Urlaub, sondern auf Urlaubsreisen werden denn auch Schnäppchenangebote wie die viel kritisierten Billigflüge oder Pauschalreisen verteidigt. Nur durch sie, wird argumentiert, hätten auch die kleinen Leute eine Chance auf den ihnen zustehenden Ferienspaß auf Mallorca oder das Shoppingerlebnis in London. Der günstige Preis stoße die Tür zur Welt auch jenen auf, die ansonsten nur ein bescheidenes Leben führen könnten. Das mache ihn zum großen Ermöglicher von Partizipation – und damit zum unabdingbaren Kernelement einer „Demokratisierung" des Reisens. Die Erzählung, dass wir nur durch Discountangebote, die ein unablässiges Kaufen und Konsumieren bis in die bedrängtesten Lebensverhältnisse hinein sicherstellen, unser System und den sozialen Frieden aufrechterhalten, gehört zu den – zunehmend bröckelnden – Mythen des Kapitalismus. Mehr und mehr wächst unser Bewusstsein dafür, dass sagenhaft günstige Preise nicht die realen Kosten eines Produktes oder Angebots abbilden. Diese werden von anderen getragen – häufig von ausgebeuteten Erntehelfern und Arbeiterinnen am anderen Ende der Welt. Oder von der Umwelt. Die Rechnung dafür bekommen wir derzeit häppchenweise serviert.

Zudem darf man nicht aus den Augen verlieren, dass auch der Massentourismus unserer Zeit noch weit davon entfernt ist, ein wahrhaft universelles Phänomen zu sein, ganz im Gegenteil, hier zeigt sich die wachsende globale und soziale Ungleichheit besonders deutlich. Tourismus ist nicht demokratisch. Und es gibt kein Menschenrecht auf Reisen.

Die Lust darauf ist allerdings weiterhin groß und wird weltweit immer größer. Die Tourismusindustrie wächst nach wie vor rasant, und eine Rückkehr zur Reiseskepsis vergangener Tage ist nicht absehbar – ganz im Gegenteil. Der durch die Corona-Pandemie forcierte Stillstand nährt erst recht den Wunsch nach Kompensation und weiter Welt.

Dabei gibt es vieles, das gegen das Reisen spräche. Zu den persönlichen gesundheitlichen und sonstigen Risiken (verdorbene Lebensmittel, exotische Krankheiten, wilde Tiere, Raub, Entführungen), den physischen und psychischen Strapazen und finanziellen Belastungen kommt in der heutigen Zeit mehr und mehr auch der Preis für die Umwelt ins Spiel. Der Tourist ist, ob er es will oder nicht, ein Turbo-Konsument. Bereits seine Anreise ist ressourcenintensiv, dazu kommen sein Aufenthalt im Hotelzimmer oder Apartment, seine Restaurantbesuche, seine Nutzung öffentlicher und privater Anlagen und Einrichtungen – die Liste ist endlos und lässt sich nicht kleinreden. Im Urlaub die Umwelt zu schonen, geht im Grunde nur, wenn man zu Fuß losgeht. Dass man dabei nicht weit kommt, könnte durchaus als Vorteil betrachtet werden – statt an fernen Orten den Einheimischen die schönsten Plätzchen streitig zu machen, begnügt man sich mit dem Guten, das so nah liegt. Vernünftiger und nachhaltiger wäre es jedenfalls. Den alten Ägyptern hätte das sofort eingeleuchtet. Für uns aber ist es komplizierter.

Erstens weil, wie wir als von den sozialen Medien Gestählte wissen, Vernunft kein Argument ist. Nie.

Zweitens weil Reisen heute nicht nur ein Wert an sich ist, sondern *der* Wert an sich. Und das durchaus in einem moralischen Sinne: Wer reist, ist gut. Wer nicht reist, ist irgendwie verdächtig. Unsere Weltanschauung hat also seit den alten Ägyptern eine Hundertachtzig-Grad-Wende erfahren (wenn auch nicht ganz – aber dazu komme ich noch).

Wenn uns ein junger Mensch nach seiner Ausbildung, der Matura oder einer Enttäuschung erzählt, er wolle jetzt einfach mal eine Auszeit nehmen, um zu reisen, finden wir das prinzipiell toll. Raus in die Welt, mal was anderes sehen, seinen Horizont erweitern, Fremdsprachen lernen – super. Und auch für Erwachsene gilt der Traum von der Weltreise, dem großen Auf-

und Ausbruch, etwa nicht als pubertär, unreif oder gefährlich, sondern als erstrebenswert, romantisch, mutig. Wenn wir uns vor Augen halten, dass die Dinge ja nie so sind, wie sie sind, sondern so, wie wir uns davon erzählen, dann ist dieser Wandel in der allgemeinen Wahrnehmung doch erstaunlich. In unserer Zeit ist das Reisen kein halsbrecherisches Wagnis mehr, das man raubeinigen Abenteurern überlässt. Es ist zum moralischen Imperativ geworden, dem sich kaum jemand entziehen kann. Wer das Privileg hat, reisen zu dürfen, hat zugleich auch die Pflicht, reisen zu wollen. Nur wer die Welt gesehen hat, darf mitreden. Reisen wird zuweilen sogar zum Ersatz für die großen verbindenden Erzählungen, die uns gesellschaftlich einen. Heute kann man nicht mehr davon ausgehen, dass die griechischen Mythen oder die Geschichten der Bibel Allgemeingut sind. Aber jeder weiß, was ein Urlaub am Meer ist, und wenn er noch nicht selbst in Venedig war, so kennt er zumindest dessen Mythos. Die Nähe zur religiösen Reise ist hier unübersehbar.

Reisen dient also zu einem guten Teil auch dem Abhaken mystifizierter Orte des kollektiven Bewusstseins. London, Paris, New York werden zu unseren gemeinsamen Referenzrahmen, sie gesehen zu haben, erhebt uns in den Kreis jener, die Bescheid wissen. Ob es uns dann da gefallen hat oder nicht, ist völlig sekundär. Auch das snobistische Achselzucken „Ach, London war nichts Besonderes" gehört zum Spiel. Es geht daher letztlich gar nicht so sehr darum, eine möglichst schöne, möglichst horizonterweiternde Erfahrung zu machen, sondern darum, Teil einer Gemeinschaft zu sein, die beispielsweise kollektiv von Venedig enttäuscht ist. „Been there, done that", eine englische Redewendung für das Allzuvertraute, bis zum Überdruss Durchgekaute, ist daher auch eine Art Medaille, die man sich umhängen kann. „Paris? Habe ich hinter mir. Teuer. Dreckig. Und überall Franzosen. Furchtbar."

Heilung finden, Neues lernen, mitreden können – ist der Reisende also doch der bessere Mensch?

Dazu sollten wir uns zwei Dinge vor Augen halten: Der große Philosoph Immanuel Kant bewegte sich als junger Mann im vergleichsweise engen Umkreis seines Geburtsortes Königsberg, den er im fortgeschrittenen Alter trotz mehrerer Rufe an diverse Universitäten überhaupt nicht mehr verließ. Das hat ihn nicht davon abgehalten, einer der einflussreichsten Denker seiner Zeit zu werden.

Und zweitens: Bei aller Verklärung des Reisens zum ultimativen Bildungsgut und Merkmal des weltoffenen Menschen sollten wir nicht vergessen, wer und was die Reisenden sind, wenn sie unterwegs sind: nämlich Touristen.

2

In der Maske des Touristen
oder: Arm der Mensch, der Urlaub nötig hat

In seiner als „Besichtigung des touristischen Zeitalters" bezeichneten Essay-Sammlung „Die Welt im Selfie" weist Marco D'Eramo darauf hin, dass niemand ein Tourist sein wolle. Tatsächlich hat es den Anschein, als empfänden manche das Etikett des Touristen fast schon als Schandmal, als Abwertung. So lautet denn auch der Titel eines launig geschriebenen Buches des Journalisten Dirk Schümer „Touristen sind immer die anderen".

Umso bemerkenswerter, dass sich einer der wortwörtlich welterfahrensten Autoren, dessen literarisches Werk eine profunde Auseinandersetzung mit den Dimensionen des Reisens in Zeit und Raum darstellt, ganz uneitel selbst als Tourist bezeichnet: In „Geständnisse eines Touristen" nennt der österreichische Schriftsteller Christoph Ransmayr als Attribute des Tourist-Seins „Ahnungslosigkeit, Sprachlosigkeit, leichtes Gepäck, Neugier" – für den großen Erzähler gut genug, um sich damit identifizieren zu können. In unseren alltäglichen Sprachgebrauch allerdings ist die Poesie dieser Deutung schwer zu integrieren.

Dort ist der Tourist ewiger Störfaktor, notwendiges Übel, verdrießliche Begleiterscheinung der Freizeit- und Dienstleistungsökonomie. Durch Touristen werden die schönsten Fleckchen vermüllt und besudelt, die Promenaden vollgekotzt, die Blumen zertrampelt, Denkmäler beschmiert und Naturschätze gestohlen. Touristen tragen tonnenweise Steine vom Wanderurlaub in den

Bergen oder Sand und Muscheln von exotischen Traumstränden nach Hause, ihr Kofferraum quillt über vor Steinpilzen und Pfifferlingen, vor Äpfeln und Kastanien, unerlaubt gesammelt und gepflückt. Touristen verursachen Staus, verstopfen Zugwaggons, überrennen die Wanderwege, Touristen sind anspruchsvoll und undankbar, Touristen tappen in die Touristenfalle. Als Tourist ist man einerseits eine Landplage, andererseits immer der Geschröpfte. Und Touristen sind sehr verletzlich – ihre Naivität und Gutgläubigkeit wird ihnen immer wieder auch zum Verhängnis. Entsprechend sehen Touristen in den Einheimischen entweder diensteifrige Untergebene oder unverschämte Abzocker, wenn nicht gar Schlimmeres. Als Einheimischer wiederum hat man für Touristen nichts als Verachtung übrig. Niemand weiß, warum Touristen überhaupt existieren, wenn doch jeder weiß, dass Touristen das Letzte sind.

Indem der Begriff „Tourist" durch seine negative Auf- und Überladung zunehmend zur Abstraktion wird, mit der sich niemand identifizieren mag, wird der Tourist zum bequemen Sündenbock, dem man alle unerwünschten Nebenwirkungen des Tourismus anlasten kann. Hinter diesem Wort verschanzt, lässt sich leicht auf andere mit dem Finger zeigen. Touristen, das sind „die". Man selbst, so kann man es auch bei D'Eramo lesen, nimmt für sich hingegen in Anspruch, ein „Reisender" zu sein, quasi der Citoyen unter den Proleten, der Kenner unter den Ignoranten, der Schwan unter den Enten. Der Reisende will die Welt entdecken, mit Menschen aller Herren Länder in Kontakt treten, seinen Horizont erweitern und ganz nebenbei noch ein bisschen Entwicklungshilfe durch private Wirtschaftsförderung kleiner Familienbetriebe leisten. Der Reisende reist also aus noblen Beweggründen, seine Absicht ist lauter, seine Weste weiß, sein Gewissen rein.

Touristen hingegen müssten ständig ein schlechtes Gewissen haben, weil sie durch ihre Existenz öffentliche Verkehrsmittel überlasten, Preise in die Höhe treiben, die Umwelt zerstören, kurz, die Menschheit ein Stück näher an den Abgrund bringen. Da Touristen aber immer die anderen sind und man selbst nie mitgemeint ist, hat am Ende niemand ein schlechtes Gewissen und alles bleibt beim Alten.

Erlauben Sie mir, an dieser Stelle eine Klammer zu öffnen: Denn so ganz stimmt das nicht. Seit einiger Zeit gibt es das Wort „Flugscham", und wo es ein Wort gibt, gibt es irgendwann auch einen dazu passenden Inhalt. Flugscham ist das diffuse schlechte Gewissen des Reisenden, der sein Reiseziel auf dem Luftweg erreicht. „Diffus", weil man die Scham auf alle Mit-Flugreisenden verteilen kann, und das bisschen, das dann noch für einen selbst übrig bleibt, mit zahlreichen mildernden Umständen gegenrechnet („aber dafür esse ich ja kein Fleisch", „aber dafür hab ich ja keine Haustiere", „aber dafür fahre ich immer mit dem Fahrrad"), bis faktisch nur noch ein Hauch Restscham übrig bleibt, mit der man den Urlaub dann doch noch ganz gut genießen kann.

Es dürfte nicht mehr lange dauern, bis auch die Worte „Klamottenscham", „Schnitzelscham" und „Kaffeescham" erfunden sind, und sobald alle Varianten der Scham durchdekliniert sind, kann man sie dann als „Konsumscham" zusammenfassen, eine Weile medienwirksam kollektiv darunter leiden, bis man sie irgendwann stillschweigend in eine allgemeine „Existenzscham" überführt, wo sie dann als neues Lebensgefühl einer aufgeklärten Mittelschicht zum guten Ton gehört wie Burn-out und Reizdarmsyndrom. Klammer zu.

Ich überspringe daher alle Stufen der Scham und knüpfe ganz schamlos an die Feststellung an, dass angeblich keiner ein Tourist sein will. Ich glaube das nämlich nicht. Die Unterscheidung zwischen „Reisenden" und „Touristen" klingt zwar einleuchtend, aber was den „Reisenden" letztlich tatsächlich vom

„Touristen" trennt, ist in erster Linie die Rhetorik. Die hedonistische, auf frivole Genüsse fixierte, oberflächliche Touristin ist genauso wie der kosmopolitische, weltoffene Reisende ein Klischee, das für reißerische Meinungsmache oder eine trügerische Selbstabsolution taugen mag, aber als Abbildung der Realität unzureichend ist. Den Ballermann-Wochenendsäufer und die kultivierte Uffizien-Besucherin verbindet mehr, als sie trennt, zumindest wenn es ums Reisen geht: Auf den ersten Blick freilich sind der Schaden und das Ungemach, die durch Ersteren entstehen, beträchtlicher. Unsere gesittete Kulturreisende verschmutzt und zerstört nicht, sie pöbelt nicht herum – und ist damit sehr viel eher Repräsentantin der Mehrheitstouristen. Aber beide, Exzess-Urlauberinnen und Kulturtouristen, sind im Grunde Konsumenten eines Angebots, an dem sie selbst keinen produktiven Anteil haben. Ihre Sphäre bleibt jene der Unterkünfte, Restaurants, Kultureinrichtungen, Parks, Transportmittel und Geschäfte. Nur im Ausnahmefall sehen sie ein Krankenhaus oder eine Arztpraxis von innen, mit Behörden, Institutionen oder Arbeitgebern, dem kleinteiligen Leben der Einheimischen, mit ihrer häuslichen Realität, ihren Ärgernissen, Nöten und Sorgen kommen sie kaum oder gar nicht in Berührung. Was es wirklich bedeutet, hier zu leben, zu arbeiten, zur Schule zu gehen, Steuern zu bezahlen, sich mit Ämtern herumzuschlagen, eine Frau, ein Mann, ein Kind zu sein, homosexuell zu sein, sich etwas aufzubauen, Traditionen jenseits fotogener Prozessionen und Zurschaustellungen zu pflegen, Kultur zu schaffen, sich im Gemeinwesen einzubringen, all das entzieht sich der kurzfristigen Besucherin zwangsläufig und kann auch durch angelesenes Wissen nur unzureichend kompensiert werden. Dazu müsste man längerfristig, zumindest über Monate, in die jeweilige Realität eintauchen, die Sprache lernen und Teil der Gesellschaft werden. Man wäre dann zwar nach wie vor eine „Fremde" – aber wäre man noch eine Touristin?

Oder anders gesagt: Es ist ein Wesenszug des Reisens, dass man seinem Urlaubsort mehr nimmt, als man gibt. Dass manche Arten des Reisens ausbeuterischer, oberflächlicher und schädlicher sind als andere, ist zwar zutreffend, aber das Prinzip bleibt gleich: Man ist in erster Linie Verbraucher von Ressourcen, Infrastruktur, Kultur und Natur, hat aber keinen eigenen kreativen oder produktiven Anteil daran. Man ist ein Fremdkörper, der sich in ein Umfeld einkauft, zu dem er abgesehen von Geld nichts beiträgt. Freilich ist der finanzielle Aspekt kein unwesentlicher. In direkter Umkehr des berühmten Diktums von Hans Magnus Enzensberger, der in den Siebzigerjahren geschrieben hat „Der Tourist zerstört, was er sucht, indem er es findet", ist zweifellos auch richtig, dass der Tourist Natur und Kultur zu bewahren hilft, indem er sie konsumiert. Zahllose Naturreservate und Kulturschätze existieren überhaupt nur noch wegen ihrer touristischen Verwertbarkeit und sind im Falle eines Ausbleibens der Touristen akut bedroht.

Es sind solche Paradoxa, die zu sprachlichen Wortklaubereien wie der vom Touristen und vom Reisenden führen und damit scheinbar die Widersprüche des Tourismus an sich überwinden. In der Sache selbst freilich ändert sich wenig. Wo „Reisender" draufsteht, ist am Ende doch wieder nur „Tourist" drin. Es handelt sich also bei dieser auf den ersten Blick so differenzierten Wortwahl um nichts anderes als wohlfeilen Etikettenschwindel. Was nämlich in der Debatte um „Touristen" und „Reisende" gänzlich außer Acht gelassen wird, sind jene, die den Tourismus überhaupt erst ermöglichen: die Inhaberinnen von Beherbergungsbetrieben und Restaurants, die Betreiber von Bergbahnen und Skiliften, kurz, alle, die touristische Infrastrukturen bereitstellen und betreuen und damit den Rahmen vorgeben, in welchem sich die Urlauber bewegen. Interessanterweise wird in Touristikerkreisen häufig weder von „Touristen" noch von „Reisenden" gesprochen, sondern von „Gästen". Aus diesem Wort ergibt sich sehr viel stärker die gegenseitige Abhängigkeit: Gäste sind auf Gastgeber angewiesen. So schreibt der Publizist Florian Rötzer in „Sein und Wohnen", einem Buch mit historischen, linguistischen und philosophischen Betrachtungen über das „Ge-Wohnte", sehr zutreffend: „Zum Gastsein gehört essentiell, eingeladen zu sein und sich in Räumen zeitweise niederzulassen, auf die man keinen Anspruch hat."

Daraus folgt, dass Gastgeber durchaus von ihrem Hausrecht Gebrauch machen und ihren Gästen klare Verhaltensregeln vorgeben könn(t)en. Wenn dies nicht passiert, gehen die Exzesse der Gäste zu einem guten Teil auch auf die Kappe der Gastgeber, die diese Ausschweifungen aus Profitsucht befördert oder zumindest nicht verhindert haben.

Belassen wir es daher beim Begriff „Tourist" und einigen wir uns darauf, dass damit einfach jeder gemeint ist, der sich auf Reisen begibt. Ja, das betrifft auch euch, liebe Leserinnen und Leser. Keine Angst, da ist nichts dabei. So verhasst Touristen auch im Allgemeinen sind, Hand aufs Herz: Es ist doch auch schön, ab und zu nichts anderes sein zu müssen als das. Es ist sogar so, dass es geradezu befreiend wirkt, sich für die Dauer eines Urlaubs aus dem ewigen Anspruchsdenken auszuklinken, dem man sein Dasein im Alltag unterwirft. Nicht umsonst kommt das Wort „Urlaub" von „Erlaubnis". Und eine „Erlaubnis" hat man im doppelten Sinne: Man hat einerseits die Erlaubnis, seiner Arbeit, seinem Alltag fernzubleiben. Und andererseits gibt man sich damit selbst die Erlaubnis, sein gewohntes Ich gegen ein touristisches auszutauschen: „relinquunt se ipsos" – sie verlassen sich selbst, wie es bei Augustinus heißt. In vielen Fällen fühlt sich das touristische Ich, das sich nach Verlassen des Alltags-Ichs manifestiert, sogar wie eine authentischere Version seiner selbst an. Endlich kann ich sein, wer ich wirklich bin. Im Urlaub trägt

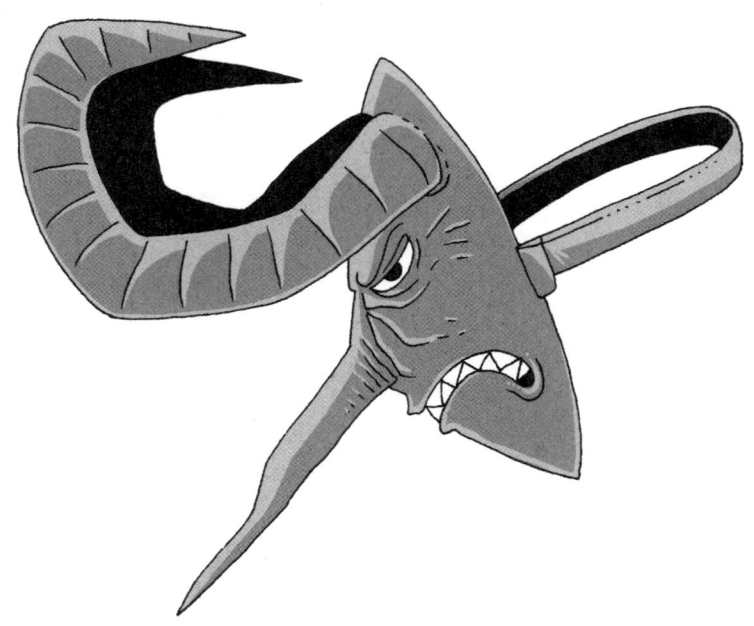

man die bunten Socken, das Hawaiihemd, das zu tief ausgeschnittene Kleid, mit denen man sich in seinem alltäglichen Habitat lieber nicht sehen lässt. Im Urlaub probiert man sich aus, riskiert etwas, bestellt auf der Speisekarte das Gericht, das man nicht entziffern kann. Man darf das jetzt, denn man ist geschützt hinter der Maske des Touristen. Und hinter dieser Maske geht man noch weiter. Man benimmt sich auch mal so richtig daneben. Betrinkt sich, zertrampelt Blumenbeete, verwüstet Hotelzimmer, gerät in einen Zustand der Enthemmung. Und wenn man dann – ernüchtert – zur Kasse gebeten wird, beteuert man: He, das war nicht ich. Das war der Tourist, der von mir Besitz ergriffen hat (und sehr plötzlich will man nichts mehr davon wissen, dass diese Erscheinungsform irgendetwas mit einem „wahren Ich" zu tun haben könnte).

Wir sehen also: Der Status als Tourist fungiert als Tarnkappe, als Zaubermantel, als Krampusverkleidung. Man wirft sein Alltags-Ich ab, schlüpft in die neue Rolle, spielt mit der dunklen

Seite der Macht. Niemand wird davon erfahren. Als Tourist bin ich unsichtbar, anonym, eine Zimmernummer. Selbstverständlich kann ich mich auch als Zimmernummer dafür entscheiden, meinen Anstand zu wahren. Diese Option hat man ja eigentlich immer. Betrachten wir aber die vielen Schlupflöcher, die wir geschaffen haben, um uns Ausnahmen zu genehmigen und uns mehr oder weniger mit offizieller Erlaubnis gehen lassen zu können, müssen wir einräumen, dass wir oft schlicht mit dem ständigen „Bravsein" überfordert sind. Her also mit dem Wochenende und dem nächsten Alkoholexzess, her mit der Fastnacht oder dem Krampuslauf, her mit der Touristenmaske. Übrigens: Sogar ein Auto kann als derartige „Maske" fungieren. Nicht umsonst spricht man davon, dass man wieder einmal ordentlich „Gas geben" möchte. Die leider allzu oft tragischen Folgen sind bekannt.

Meistens kommt es freilich nicht ganz so schlimm. Oft genügt uns ein kleines Gefühl von Freiheit, Selbstbestimmtheit und Unabhängigkeit, und wir sind wieder bereit, auf die alten Gleise des Wie-es-sich-gehört zurückzukehren. Die kleine Grenzüberschreitung bringt ein prickelndes Gefühl in unsere taub gewordenen Gliedmaßen zurück, wir spüren uns wieder, fühlen uns wieder lebendig.

Letztlich stellen Touristen mit ihren Entgleisungen nicht dem Reisen ein schlechtes Zeugnis aus, sondern dem Alltag, dem sie entfliehen. Wer in seinem Arbeits- und Privatleben, in seinen freundschaftlichen und familiären Beziehungen Erfüllung, Freude, Bestätigung, Geborgenheit erfährt, der lechzt auch nicht nach befreienden Masken, hinter denen er kompensieren kann, was ihm fehlt.

Man könnte also festhalten: Arm der Mensch, der Urlaub nötig hat. Und erst recht arm der Dienstleister, der den Urlaub verwirklichen soll, den einige Menschen nötig haben.

3

Der überforderte Überforderer
oder: Herr und Frau Tantalos unterwegs

Da geht noch was. Da kann man noch ein bisschen mehr raus-
holen, da kann man noch was zwischenschieben, umorganisie-
ren, neu sortieren, da ist noch Luft nach oben, die Kuh ist noch
nicht ganz leergemolken, die Zitrone nicht völlig ausgequetscht.
Also melken und quetschen, schieben und organisieren, sortieren
und optimieren wir, denn das Leben ist jetzt, und wenn nicht
hier, wo dann, und wo ein Wille, da ein Weg.

Von klein auf wird uns das Mantra eingetrichtert, dass wir
alles erreichen können, wenn wir nur fest daran glauben, dass
uns keine äußeren Grenzen gesetzt sind, dass uns die Welt zu
Füßen liegt und wir nur zugreifen müssen. The sky is the limit.

Bei den alten Griechen gab es diese Bilder auch, und zwar als
Inbegriff der Höllenqualen. Dort wird Tantalos, ein frevelnder
König, von den olympischen Göttern bestraft, indem er in der
Unterwelt von sprudelnden Bächlein und saftigen Früchten umgeben ist, die ihm scheinbar in den Mund springen, doch wenn
er, hungrig und durstig, danach greifen will, weichen sie vor ihm
zurück. So muss er in alle Ewigkeit dürsten und darben, während ihn die köstlichsten Früchte verlocken.

Wie sich doch die Zeiten ändern: Bei Homer sah so die grau-
same Rache unbarmherziger Götter aus. In unserem Zeitalter wird
uns die ewige Verlockung unerreichbarer Güter als beste aller
Welten präsentiert: Wenn ich etwas wirklich will, bekomme ich

es auch. Mir stehen alle Türen offen, ich kann alles sein und alles werden, vom Superstar bis zur Bestsellerautorin. Ich muss mich nur ein kleines bisschen mehr anstrengen als all die anderen, die dasselbe wollen.

Man möchte derlei Floskeln als pubertär abtun oder in das Reich Grimm'scher Märchen verweisen, die in Zeiten spielen „als das Wünschen noch geholfen hat". Aber sie sind längst in alle Gesellschaftsschichten diffundiert und auch mit dem machtvollen Exorzismus der nüchternsten Analyse und vernünftigsten Abgeklärtheit nicht aus den Köpfen zu bekommen. Die Gestaltung der Realität durch reine Willensanstrengung ist ein wirkmächtiger Mythos. Das Credo lautet: Wenn du es noch nicht geschafft hast, deine Träume zu erfüllen, dann hast du nicht hart genug dafür gearbeitet und nicht fest genug daran geglaubt. Jeder ist seines Glückes Schmied. Nur so ist zu erklären, mit welchem Furor wir uns in einen Wettkampf stürzen, der am Ende wenige Sieger und sehr viele Verlierer generiert. Allerdings geht es dabei selten um den Einsatz für gesamtgesellschaftliche Verbesserungen. Dort nämlich stoßen wir rasch an strukturelle Grenzen oder kämpfen gegen die Widerstände unserer Mitmenschen. Als wirklich unbegrenzt erscheint nur die kontinuierliche Optimierung unserer selbst. Dies beginnt bei körperlichen Zielen, die sich freilich auch sichtbarer und unzweifelhafter erreichen lassen als spirituelle oder intellektuelle. Der durchtrainierte, klar konturierte, geglättete, makellose Körper, der in ewiger Jugend erstrahlt, ist zum Statussymbol geworden, das mit Werten wie Disziplin, Fleiß, Ausdauer und Tüchtigkeit assoziiert wird, hinter dem aber in erster Linie zwei Dinge stehen: Zeit. Und Geld. Ästhetisch geformte Schenkel und Bauchmuskeln muss man sich über Wochen und Monate antrainieren. Aber das meiste andere kann man kaufen, wenn es von der Natur nicht (mehr) bereitgestellt wird, die schmale Nase, das faltenfreie Gesicht, die perlweißen, geordneten Zahnreihen, die runden Pobacken, die großen Brüste, die volle Haarpracht.

Was also lange nur das Geburtsprivileg einer kleinen Gruppe war, eröffnet sich in der kapitalistischen Welt allen durch schiere Willens-, oder eigentlich doch eher Kaufkraft, denn in dieser Welt gibt es nur eine Sorte von König: den zahlenden Kunden. Nicht umsonst weiß der Volksmund „wer zahlt, schafft an". Das gilt in beide Richtungen. Bin ich (ob als Studentin, als Käufer oder als Privatpatientin) in der Kundenposition, habe ich einen relativ großen Machtspielraum. Meine Wünsche werden meistens diensteifrig erfüllt. Ich könnte ja jederzeit meine Gunst anderen Anbietern zuwenden. Man möge also dafür sorgen, dass ich zufrieden bin. Sonst purzeln die Sternchen, sonst gibt es schlechte Kritiken auf Tripadvisor, sonst diffamiere ich deinen Betrieb im sozialen Netzwerk. Aber zugleich finde ich mich irgendwann auch am anderen Ende dieser Nahrungskette wieder, als Anbieterin, Dienstleister, Verkäuferin. Und dann Gnade mir. Dieselbe Anspruchshaltung, mit der ich wie selbstverständlich durchs Leben gehe, wendet sich nun gegen mich.

Das lässt sich an der Arbeitswelt beobachten: Dienstgeber, die genau genommen ja auch „Kunden" von Arbeitskraft sind, üben einen immer höheren Druck auf ihre Mitarbeiter aus, um den wachsenden Ansprüchen der Kundschaft Genüge zu tun. Auch hier wird also ständig ein „Optimum" an Effizienz, Leistung, Motivation eingefordert – die Selbstoptimierung findet also nicht mehr nur im Fitnessstudio, sondern auch am Arbeitsplatz statt. Eine Begegnung auf Augenhöhe gibt es kaum noch. Die Arbeitswelt ist hierarchisch in Befehlshaber und Untergebene strukturiert, und der einzige Ausweg für den Untergebenen ist der Auf- oder Umstieg zu einer finanzkräftigen Position, um von dort aus wenigstens noch ein bisschen nach unten treten zu können. Das ist der einzige Trost, den der Kapitalismus zu bieten hat: Wer es karrieretechnisch nicht zur Chefin bringt, kann ja immer noch Kundin werden.

Klingt düster und dystopisch? Es ist die Kehrseite einer glamourösen Dienstleistungswelt, in der jeder alles erreichen kann, solange er das nötige Kleingeld dafür hat. Der moderne Tantalos steht bis zum Kinn im frischen Wasser, die reifen Birnen hängen ihm in den Mund, und was ihn davon abhält, sich sattzutrinken und zu -essen, ist das Preisschild. Denn ja, es ist das beste, klarste, mineralisierteste und vitalisierteste Wasser, das unserem Tantalos da bis zum Hals steht, aber es gehört einem multinationalen Konzern, der es aus unterirdischen Gebirgsquellen in Japan abgepumpt hat und nun für 120 Euro den Liter verkauft (und ja, so etwas gibt es wirklich). Natürlich, Tantalos könnte auch das Billigwasser aus dem Spülbecken in der Küche trinken, aber das ist nicht die Welt, die ihm versprochen wurde.

So entsteht ein interessanter Zirkel, den ich nicht als Teufelskreis, sondern eher als Optimierungsspirale bezeichnen möchte. Der ständig zur Selbstverbesserung angetriebene Mensch, ächzend unter der Last der immer höher sich auf seine Schultern türmenden Anforderungen, kriecht zunehmend entkräftet dem nächsten Wochenende, dem nächsten Feiertag, dem nächsten Urlaub entgegen. Dort wirft er den bleiernen Mantel seiner Dienstleisterrolle ab und wird – verwandelt durch die Magie seiner Kaufkraft – zum Kunden, der hofiert und bedient wird. Jetzt endlich kann er einen Status genießen, der ihm ansonsten verweigert wird. Und es verwundert nicht, dass jetzt endlich der Spieß umgedreht wird: Er, der so oft den Nacken gebeugt hat, weiß, wie man den Fuß daraufsetzt, er, der so oft überfordert war, weiß, wie man überfordert. Und vor allem weiß er seine kostbare Auszeit gründlich zu nutzen.

Ist sie abgelaufen, die Kreditkarte ausgeschöpft, das Bankkonto überzogen, ist die Party vorbei und Aschenputtel kehrt in den Frondienst der Stiefmutter zurück.

Im Kontext des Reisens sollte man sich also vergegenwärtigen: Was der Tourist in diesen Tagen erlebt, muss eine ganze Menge können. Es muss kompensieren, was er in seinem Arbeitsalltag zurückzustecken hatte. Es muss das kapitalistische Versprechen erfüllen, dass man jedes Glück kaufen kann. Und es muss – nicht zu unterschätzen – noch eine Weile nachwirken, möglichst noch Wochen in den danach wieder einsetzenden Arbeitsalltag hinein. Dass ein solches Gesamtpaket eigentlich nicht zu haben ist, nicht einmal für Geld, das wissen wir. Trotzdem treten wir immer wieder aufs Neue an, das Gegenteil zu beweisen, und das fatalerweise sowohl als Kunden als auch als Anbieter.

Wir wollen, dass Tantalos nach Jahren, Jahrzehnten des Dürstens und Darbens sich endlich für einige wenige Minuten nach Lust und Laune sättigen kann. Es ist ja alles griffbereit. Und Tantalos lässt sich nicht zweimal bitten. Er schlägt sich wie in einem Rausch den Bauch voll (*wie* in einem Rausch? Nein, es *ist* ein Rausch, ein wahrhaftiger Konsumrausch). Wenn er nicht aufpasst, kippt er rücklings in sein überteuertes Edelwasser und macht keinen Zappler mehr. Soweit darf es freilich nicht kommen.

Sonst gibt es nämlich von Frau Tantalos keine gute Bewertung für die Dienstleistung.

4

Qualitätstourismus für Qualitätstouristen
oder: Der Gast als Feudalherr

Die Welt könnte so schön sein, wenn sie nicht überall von Touristen verschandelt würde. Der Tourist – ich schrieb es bereits – ist das (freilich nur scheinbare) Grundübel des Tourismus, der doch eigentlich eine gute Sache wäre. Er bringt Arbeitsplätze, Devisen und Aufschwung. Der Tourismus an sich wird daher auch selten infrage gestellt. Vielmehr arbeiten Touristiker in aller Welt fieberhaft am ultimativen Zaubertrick: den Tourismus zu bewahren und die Touristen loszuwerden. Und mit „Touristen" meine ich die in den vorherigen Kapiteln geschilderten Anspruchsteller und Optimierer, die als marodierende Horden in einen Ort einfallen und rücksichtslos an sich reißen, was ihnen scheinbar zusteht: Raum, Zeit und Aufmerksamkeit (also: alles).

Dass das so nicht weitergehen kann, liegt auf der Hand. Denn schon längst führen die Auswüchse des Massentourismus dazu, dass viele bei gewissen Reisezielen nur noch müde abwinken. Bali? Plastikverseuchte Meeresbuchten. Venedig? Wogende Menschenmassen, die von Sehenswürdigkeit zu Sehenswürdigkeit gepeitscht werden. Und wer in Zermatt die lange Warteschlange vor der Gornergrat-Bahn umgehen möchte, muss auf den ohnehin schon saftigen Ticketpreis noch einen Priority-Boarding-Aufpreis bezahlen, um überhaupt eine Chance auf den berühmten Matterhorn-Blick zu haben.

Hier deutet sich schon an, mit welchem Zaubertrick es gelingen könnte, einen Tourismus ohne Touristen – also ohne Massentouristen – zu schaffen, ohne dass der wertvolle Quell von Einnahmen, Wohlstand und Arbeitsmöglichkeiten versiegt. Das dafür verwendete Wort ist „Qualitätstourismus", und es suggeriert zweierlei: erstens die Qualität des Angebots, zweitens aber auch die Qualität des Touristen. Beides, so die Botschaft, müsse zusammenpassen. Ein lausiges Angebot ziehe lausige Gäste an, während Spitzenprodukte auch Spitzenkonsumenten hervorbrächten.

Diese Strategie zielt ganz offensichtlich dorthin, wo es uns allen am schnellsten wehtut: auf die Geldbörse. Wenn alles teurer wird, bleiben nur noch diejenigen übrig, die sich das leisten können – hier kommt es quasi zu einer natürlichen Auslese, frei nach Darwin: survival of the richest. Und mit gehobener Kaufkraft assoziieren wir gemeinhin auch gehobene menschliche Standards. Aus der Limousine steigt man nicht mit Flipflops, im Grandhotel spricht man mit gedämpftem Ton, im Nobelrestaurant tanzt man nicht besoffen auf den Tischen. Es geht gesittet zu unter den Betuchten, denen ihr Marktwert in der öffentlichen Meinung auch gleich einen menschlichen Zusatzwert verleiht.

Wie konkret die vornehme Besserartigkeit der Wohlhabenden aussieht, kann man in Luxus-Urlaubsorten wie St. Moritz hautnah beobachten. Letztlich wird genauso gesoffen, geprasst und kaputt gemacht, nur dass sich ein Heer von Bediensteten darum kümmert, alle Spuren diskret zu verräumen.

Der über Kaufkraft definierte Qualitätstourismus bringt daher in Wahrheit vor allem eins hervor: den touristischen Feudalherrn. Menschen also, die entweder schon in ihrem Alltag das Bedientwerden gewohnt sind oder es sich im Urlaub leisten wollen. Tatsächlich ist neben den spirituellen Aspekten des Reisens, die ich schon angesprochen habe, das Bedientwerden für viele

Touristen ein nicht unwesentlicher Punkt. Sich um nichts kümmern, vom gedeckten Frühstückstisch zum Mittagstisch zum Kuchenbuffet übers abendliche Galadiner ins gemachte Bett fallen, dazwischen herumspazieren oder -wandern, Museen oder Konzerte besuchen und die Kinder nur zu den Mahlzeiten sehen, wo sie mit glänzenden Augen von der Bastelstunde oder dem Kletternachmittag erzählen – für viele ein Traum, den sie sich einiges kosten lassen. Für eine kurze Zeit kann man damit das aristokratische Leben der Geldelite reproduzieren.

Wobei nicht wenige davon profitieren, dass die weltweite Ungleichheit sehr zum Vorteil „westlicher" Länder und vor allem Währungen ausfällt. Man darf nicht vergessen, dass etwa Südtirol lange Zeit unter anderem (vor allem?) deshalb ein beliebtes Reiseziel für viele bundesdeutsche Gäste war, weil das Verhältnis der D-Mark zur italienischen Lira aus ihrer Sicht überaus günstig stand und ihnen einen Status verlieh, der nicht unbedingt mit der Realität übereinstimmte. Heute ist es in Europa vor allem der Schweizer Franken, der aufgrund seiner relativen Überbewertung „reiche" Touristen generiert. Doch auch mit dem Euro – und zuvor sogar mit der Lira – kann und konnte man im fremden Land plötzlich auf großem Fuß leben. Die Zeiten, in denen man „mal eben" nach Prag oder Budapest fuhr, um sich für Kleingeld zu betrinken, liegen noch nicht so weit zurück. Heute gehen die Sprünge immer weiter, in die Türkei, nach Thailand, wo man sich plötzlich leisten kann, was im eigenen Herkunftsland unerschwinglich ist: ein zeitlich befristetes Leben im real existierenden Imperialismus, bei dem man kolonialherrschaftlich einherschreiten kann und dem buckelnden Eingeborenen gönnerhaft ein paar Münzen hinwirft. Bei einem solchen Auftreten darf es nicht verwundern, wenn die Einheimischen bei jeder Gelegenheit die Hand aufhalten und den stillschweigenden Vertrag zwischen Gast und Gastgeber, nämlich die Inszenierung der perfekten Urlaubsillusion, durch ihre allzu offensichtliche Berechnung und Gier zunichtemachen. Unter Umständen führt das dann zu Verstimmung und Enttäuschung; immerhin wünschen sich viele noch von der ausgebeutetsten Prostituierten, dass sie zumindest den Eindruck erweckt, sie würde ihre Dienste freiwillig und mit Lust verrichten. Der Vergleich von Tourismus und Sexarbeit ist freilich ein zwar häufig bemühter, aber auch sehr heikler. In meinen Augen ist er als Gleichnis für das Verhalten der Gastgeber weitgehend unpassend. Aber Touristen und Freier haben doch einiges gemeinsam, denn auch im Urlaub sollen nicht nur körperliche Bedürfnisse, sondern vor allem mitgebrachte Phantasien befriedigt werden. Und ein Teil dieser Phantasien ist es, dass der pragmatische Austausch zwischen Dienstleister und Kunden am besten nicht als solcher erkennbar sein sollte – ich bekomme, was ich bekomme, nicht etwa deswegen, weil ich dafür bezahle, sondern weil mein Gegenüber es mir gerne und aus freien Stücken gibt.

Dabei darf man nicht aus den Augen verlieren: Sogenannter „Billigtourismus" ist in erster Linie deswegen billig, weil die Leute im Zielland arm sind – oder, wie ich schon ausgeführt habe, weil andere den Preis für den günstigen Flug, die Schnäppchen-Unterkunft, das sagenhafte Pauschalangebot bezahlen: Hotelangestellte, Dienstleister, die Umwelt.

Aber das blenden wir aus, wir sind ja im Urlaub. Da darf man auch mal die Augen vor solchen Missständen verschließen, vor allem, wenn sie einem doch so zugutekommen. Und ist es etwa meine Schuld, dass ich in Vietnam im Gegenwert von 2,50 Euro ein Fünf-Gänge-Menü aufgetischt bekomme? Bin ich nicht vielmehr Treiber von Fortschritt, Aufschwung, Entwicklung, mithin auf der Seite der Guten, wenn ich das kleine familiär geführte Hotel auf den Philippinen am Laufen halte und der alleinerziehenden Masseurin einen Job verschaffe? Wer so argumentiert, erblickt womöglich auch im Drei-Euro-T-Shirt eine Jobchance für eine Näherin in Bangladesch und in der Fünfzig-Cent-Schokolade ein Programm, um Kinder von der Straße wegzubringen (zugegeben: nicht, um zur Schule zu gehen, sondern um auf Kakao-Plantagen zu arbeiten, aber da sind sie wenigstens gut aufgehoben und können ihre Familien finanziell unterstützen). Wenn es um die eklatante globale Ungleichheit geht, ist der Absturz in den argumentativen Zynismus nicht weit. Das hat wohl unter anderem damit zu tun, dass die meisten die Rede vom „reichen Westen" nicht mehr hören können und auch nicht einsehen, inwiefern sie zu den Reichen gehören sollen, wo sie doch in prekären Anstellungsverhältnissen feststecken, die ihnen eine immer höhere Arbeitslast bei immer gleichbleibenden oder sinkenden Löhnen auferlegen. Denn nicht nur global steigt die Ungleichheit, sondern auch in den „reichen Staaten" selbst. Im ersten Halbjahr der Corona-Pandemie 2020 gab es allein in Deutschland 58.000 neue US-Dollar-Millionäre, während gleichzeitig zahlreiche Angestellte, Freischaffende und Kleinunternehmer in Arbeitslosigkeit und Armut schlitterten. So gibt es auch im wohlhabenden „Westen" immer mehr Menschen, für die eine Urlaubsreise außer Reichweite rückt.

Ich erwähnte es bereits: Tourismus war und ist bis heute grundsätzlich eine exklusive Angelegenheit, und das durchaus im Sinne von „ausschließend". Wer überhaupt reisen kann (und darf!), ist bereits Teil einer privilegierten Gruppe. Das gilt sogar für den Abenteurer, der zu Fuß oder mit dem Fahrrad aufbricht.

Der Begriff des Qualitätstourismus verschleiert also den inhärent elitären Charakter des Tourismus im Allgemeinen und stempelt den mit bescheidenen Mitteln Reisenden zum „Billigtouristen". Der Grund ist naheliegend: Der touristische Feudalherr mag genauso (oder genau genommen sogar mehr) verschandeln, verschmutzen und verschwenden wie der „Billigtourist", im

Gegensatz zu diesem aber bezahlt er eine Heerschar an dienstbaren Geistern, die ihm den Rücken frei und das Luxus-Quartier sauber halten – und er tritt nicht in Massen auf. Weitläufige Hotelsuiten, Speisesäle, Pools, Fitnessräume und Wellnesslandschaften brauchen Platz. Hotels, die eine entsprechende Infrastruktur bieten, gehen mit der Ressource „Raum" überaus großzügig um. Sogar wenn alle Tische im Restaurant besetzt und alle Sonnenliegen auf der Palmenterrasse belegt sind, stellt sich kein Gefühl der Beengung ein. Den Tourismus bewahren, während die Touristen weniger werden: So scheint es am ehesten zu klappen. Am Ende stehen riesige Strukturen mit entsprechender Ressourcen- und Raumver(sch)wendung bereit, um eine Handvoll erlesener Gäste zu bewirten, die ein Gefühl von Leichtigkeit, Weite und Freiheit genießen dürfen. Wer hier untergebracht ist – oder sich vielmehr selbst unterbringt –, dem schreiben wir instinktiv einen gehobenen Status zu. Denn auch Zeit und Raum sind ungleich verteilte Größen, und wer Luxus-Zeit im Luxus-Raum verbringt, der lädt sich dadurch mit Bedeutung und symbolischem Kapital auf. Am anderen Ende des Spektrums funktioniert es übrigens genauso: Es genügt ein Blick auf die hoffnungslose Lage von Flüchtlingen in heillos überfüllten Lagern. Durch die verdreckte und beengte Umgebung, in der sie zusammengepfercht sind, haben sie im Auge der Öffentlichkeit den Status wertloser Massenmenschen. Der Qualitätsflüchtling ist immer noch der, der via Businessclass einreist und sich in seinem ausladenden Nobelchalet dem Zugriff des Fiskus oder diverser Kriegs- und Menschenrechtsgerichte entzieht. Hier schließt sich der Kreis.

5

Ein Bild von einem Urlaub
oder: Ausstrahlung to go

Gleichzeitig in und außerhalb der Welt zu sein, für diesen Traum nehmen wir einiges auf uns: hohe Preise, weite Anreisen, die Last der anderen Touristen. Weit weg von den Banalitäten unseres Alltags transformieren wir uns in die, als die wir uns entworfen haben. So zumindest die Behauptung. Damit kommen wir aber nicht weit. Was heute zählt, ist einzig und allein das Bilddokument, der Fotobeleg, der Videobeweis. „Pics or it didn't happen" lautet die Formel: Wenn du es nicht fotografiert hast, ist es auch nicht geschehen. Daher muss jeder Moment festgehalten werden, vom Morgenkaffee über das Wanderoutfit bis zum Gipfelsieg. Erst die lückenlose Dokumentation macht das Erlebnis real. Dass der Mond auf dem Foto enttäuschend nichtssagend aussieht, obwohl er doch so magisch zwischen den Bergen stand, macht dabei nichts: Mit ein paar Filtern lässt sich aus dem Bild doch noch einiges herausholen. Und das gilt auch für alles andere. Selbst die triste Einkaufsstraße einer gesichtslosen Kleinstadt im Regen erhält durch geschickte Bearbeitung bis zum Schluss genau jene Aura des Besonderen, die den Neid von Freunden und Verwandten auf sich zieht. „Da habt ihr es aber schön gehabt." Und plötzlich will man das auch selbst glauben.

Folgerichtig gilt mehr und mehr auch der Umkehrschluss: An die Stelle des unmittelbar Erfahrenen tritt das medial vermittelte Erlebnis. Erst mit dem Fotobeweis entsteht im darauf

Abgebildeten das Bewusstsein für das Erlebte. Wie auch anders? Während des Ereignisses selbst war die Aufmerksamkeit ganz der Dokumentation, dem bildlichen Festhalten zugewandt. Noch einen Schritt weiter nach rechts bitte. Und die Pose halten. Und jetzt dasselbe noch einmal von dieser Perspektive. Erst später, im geschickten Zusammenschnitt der Szenen, mit dem passenden Farbfilter und mit heroischer Musik unterlegt, entsteht das eigentliche Abenteuer. Erst dann ist die Mission erfüllt und der Wandertag, der Konzertbesuch, die Sightseeing-Tour können in die Unvergesslichkeit eingehen.

Wozu aber überhaupt noch die Mühe? Dasselbe Foto, aus genau dieser Perspektive, existiert bereits unzählige Male und füllt die Timelines der sozialen Medien. Reicht es nicht, sich an diesen makellosen Aufnahmen sattzusehen, muss man tatsächlich noch persönlich zum fotogenen Bergsee hinfahren, sich im Prager Tal oder in Flims in die lange Schlange der Beweisfotojäger stellen, seine Zwei-Minuten-Idylle inszenieren, um sich dann erst später überhaupt bewusst zu werden, was man da eigentlich erleben hätte können, wäre man im Moment nicht mit Posieren beschäftigt gewesen? Nein, es reicht nicht. Und das leuchtet auch ein. In einer Gesellschaft, die sich ununterbrochen durch Fotos der eigenen Existenz vergewissern muss, ist der Druck der Selbstinszenierung groß. Der immer gleiche Morgenkaffee, die tägliche Route zum Arbeitsplatz, die stets selben Gesichter, die sich ins Bild drängen, fügen der Erzählung vom eigenen Dasein nichts mehr hinzu. Reife der Persönlichkeit, Tiefe der Gedanken oder innere Größe sind unfotografierbar – und genau das dürfen sie nicht sein. Man will ausstrahlen, wer man ist, man will den eigenen Ist-Zustand ins Bild bannen und dadurch nicht Unsterblichkeit, sondern erst wahre Lebendigkeit erlangen. Die körperliche Erscheinung ist uns dabei eher hinderlich als förderlich, zumal wir uns gesellschaftlich darauf geeinigt haben, dass wir

nicht die sind, als die wir erscheinen, sondern die, als die wir uns fühlen. Ich bin eine schlanke Frau, gefangen im Körper einer Dicken. Die Implikationen solcher Gedankenverrenkungen können an dieser Stelle nicht zu Ende ausgeführt werden. Halten wir aber fest: Wir haben eine sehr klare Vorstellung davon, wie das ungreifbare Innere auszusehen hätte, wenn man es aus der körperlichen Hülle herausschälen könnte. Diese Vorstellung orientiert sich freilich überwiegend an den abgegriffenen Klischees normierter Jugendlichkeit und werbetauglicher Ästhetik. Während wir gleichzeitig floskelhaft behaupten, auch der von diesen Schablonen abweichende Mensch könne schön, ja, sogar besonders charismatisch sein, arbeiten wir mit aller Kraft daran, selbst den gesellschaftlichen Vorgaben zu entsprechen, und sei es nur durch gezielte Bildmanipulation. Das ist nachvollziehbar – denn erst das Bild gibt uns Dauer. Charisma und Ausstrahlung sind nur beschränkt über die unmittelbare Begegnung zu retten. Und selbst der intensivste Blick, das interessanteste Gesicht flachen in der Zweidimensionalität ihrer Reproduktion ab. Irgendwann ist auch ein spannendes Foto totgesehen. Immer neue Bilder müssen her.

Von nicht zu unterschätzender Wichtigkeit ist dabei die Wahl des landschaftlichen Hintergrunds, in dem sich das phantasierte Selbst erst wahrhaft manifestiert. Nicht der Inhalt zählt, sondern die Verpackung. Sie tritt an die Stelle der fehlenden Ausstrahlung; nicht das Ich ist charismatisch, sondern seine Umgebung. Und damit das Bild einfach zu dechiffrieren ist, bedient man sich der immergleichen Symbole. Dem Postulat folgend, dass Glück fotogen zu sein habe, wählt man Kulissen, die sofort eingeordnet werden können: stolze Anhöhen, glitzernde Wasserflächen, berühmte Skylines. Ihre unzweideutige Symbolik und Wiedererkennbarkeit verleihen dem derartig in Szene gesetzten Ich die jeweils gewünschte Aura: Heroismus, Lässigkeit, Moder-

nität, Gemütlichkeit. Das medial entkernte Selbst lädt sich mit
der sozialen Bedeutung seiner Umgebung auf. Ich in Paris, ich in
Rom, ich am Strand, ich in den Bergen – das sind grundver-
schiedene Personen: mal chic und elegant, mal rustikal und bodenständig, hier sprühend vor Esprit, dort mit mediterranem
Charme. Nicht nur der Rahmen wechselt, sondern aufgrund des
Rahmens auch der Inhalt. Und daher ist es unerlässlich, dass
man eben doch selbst hinfährt, um im Glanz des Tadsch Mahal
zu baden oder einen Hauch der Majestät der Dolomiten abzube-
kommen. Seht, das bin ich, wie ich eigentlich wäre. Die Erzählung vom wahren Ich, das sich leider nur in raren Momenten
zeigt, findet hier ihre Fortsetzung. Oder, wie Ödön von Horváth
seine Freifrau von Stetten im Stück „Zur schönen Aussicht" sagen lässt: „Ich bin nämlich eigentlich ganz anders, aber ich komme nur so selten dazu."

Im Porträt

Mehr Tourismus für Nordkorea

Simon Raffeiner, Reiseblogger

Ein Mann nimmt es mit der Weltkarte auf. So könnte man das ambitionierte Vorhaben umschreiben, das hinter dem Reiseblog „One Man, One Map" steckt. Es ist ein etwas anderes Bild von der Welt, das Blogger und Fotograf Simon Raffeiner den Besuchern seiner Website präsentiert. Nicht idyllische Traumstrände oder berühmte Sehenswürdigkeiten stehen hier im Fokus, sondern das Abseitige, Randständige, Aufgegebene. „Lost Places" nennt man verlassene Siedlungen oder Bauwerke, die dem Verfall anheimgegeben werden. Simon Raffeiner spürt solche Lost Places auf, recherchiert ihre oft kuriose Geschichte und dokumentiert sie in imposanten Bildern. So wird sein Blog selbst zum „Lost Place", in dem man verlorengehen, kann.

Begonnen hat alles aber ganz anders, nämlich mit der EU-Erweiterung 2007. Rumänien und Bulgarien wurden damals Teil der Union, die erst vier Jahre zuvor um zehn Staaten größer geworden war. Er habe sich damals gefragt, erzählt Raffeiner, wie man Europäer sein könne, wenn man nicht einmal seine Nachbarn kenne. Bis dahin hatte der gebürtige Südtiroler, der 2003 nach Deutschland auswanderte, nur Italien, Deutschland, Österreich und Frankreich gesehen. Das sollte sich nun ändern. Seine damalige Überlegung: „Es ist sicher besser, mehr über andere EU-Länder zu wissen, als die jeweilige Hauptstadt zu kennen oder das, was grade in der Presse ist. Man kann dann Dinge anders einordnen und hat eine andere Verbindung zu einem Land." Gemeinsam mit seiner Freundin buchte er also die günstigste Reise ins europäische Ausland, die sich anbot. 400 Euro kostete damals ein zehntägiger Aufenthalt in Schweden, gerade noch im Budget des damals Vierundzwanzigjährigen.

Mittlerweile ist die Zahl der Länder, die Raffeiner bereist hat, auf vierundsechzig angewachsen. Er sei aber keiner, der Reiseziele wie Trophäen sammle. Freilich, die ersten fünfzig Länder habe er schnell beisammen gehabt, gerade innerhalb Europas sei das nicht so schwierig. Aber seit einiger Zeit reise er anders, langsamer, verbleibe länger an einem Ort oder in einer Region. Die Hotspots und „Must See"-Destinationen vermeidet er jedoch. Die Angst, dabei etwas zu verpassen, hat er mittlerweile nicht mehr. „Sobald etwas touristisch ausgeschlachtet wird, ist es nicht mehr das, was es mal sein sollte." Wenn nur noch ein Massengeschmack bedient werde und zu viele Leute sich an einem Ort drängten, interessiere ihn das nicht. Aus diesem Grund sehe er sich auch nicht als Tourist, sondern als Reisender. Wobei er die Unterscheidung klar definiert: „Ich sage, ich bin ein Reisender, um mich abzugrenzen. Klar, man redet sich immer etwas ein. Für mich ist der Unterschied: Der Tourist fährt irgendwohin, um irgendetwas anzuschauen oder eine Abwechslung von seiner Heimat zu haben, interessiert sich meistens aber nicht wirklich für das, was vor Ort passiert. Der Tourist interessiert sich für ein Bild, das er vorher schon hat. Deswegen wählen viele ihr Reiseziel nach einem Instagrambild oder einem Reiseführer. Die vermitteln aber nicht ansatzweise, wie ein Land wirklich ist, welche Probleme die Leute haben. Der Tourist schaut sich eine Kirche an, die seit Jahren nur noch für Touristen instand gehalten wird, aber nichts mehr mit der Realität der Menschen vor Ort zu tun hat. Der Tourist fährt nach Venedig, wo niemand mehr wohnt, und glaubt, er weiß etwas über Venedig. Das ist Quatsch." In dieser Hinsicht treffe auch das Enzensberger-Zitat zu, wonach der Tourist zerstört, was er sucht, indem er es findet. „Man sucht ja etwas Bestimmtes und weiß, wo man es finden wird, und findet es nur deswegen, weil es genau so existiert, wie man es sich vorstellt. Das ist ja das Problem mit den sozialen Medien: Die Leute generieren eine Endlosschleife aus: Ich war da und habe genau das gesehen, was ich erwartet habe. Dann poste ich es im Internet, damit andere Leute sehen, was sie sehen werden, wenn sie da hingehen." Und mit einem Augenzwinkern fügt er hinzu: „Deswegen bin ich dafür, dass es in Nordkorea mehr Tourismus geben soll, denn nichts macht ein Regime so schnell kaputt wie Tourismus."

In den Auswüchsen des Tourismus erkennt er die Symptome eines tiefergreifenden sozialen Dilemmas. „Es ist eine problematische Dynamik geworden. Wir hätten diese Diskussion wahrscheinlich nicht, wenn wir in Europa nicht die soziale Situation hätten, dass viele Menschen in so bedrückenden Verhältnissen leben, dass die Reise einmal im Jahr, möglichst weit weg und exotisch, alles kompensieren muss. Wenn die Arbeitswelt und die soziale Situation vieler Menschen nicht so prekär wären, gäbe es das Problem wahrscheinlich nicht. Dann würde es sie nicht so sehr dazu drängen, in Urlaub zu gehen. Wenn man zu Hause ist, muss man sich mit Arbeit, Partner usw. arrangieren. Beim Reisen kann man sagen: Hier gefällt es mir nicht, weiter. Du kannst jeden Tag neu anfangen, wenn du willst. Und wenn du keine Lust hast, über dich und deine Probleme nachzudenken, kannst du dich jeden Tag mit neuen Eindrücken zuballern."

Für ihn sei das nichts. Was ihn interessiere, sei die Realität jenseits der touristisch aufbereiteten Erzählungen der Reiseführer. „Der Anspruch ist, nachher ein tieferes Verständnis davon zu haben, wie ein Land funktioniert. Das beginnt bei der Ressourcensituation. Als wir in der Ukraine waren, haben wir gesehen, dass die Ukraine aus Erdöl, Eisenerz und Schwerindustrie besteht. Plötzlich ergeben Konflikte wie der auf der Krim einen ganz anderen Sinn. Das ist etwas anderes, als wenn man nur in Kiew wäre und sich den Maidan anschauen würde."

Daher plant Raffeiner alle seine Reisen selbst, recherchiert mitunter monatelang, ehe er zu einem neuen Ziel aufbricht. Doch auch die aufwendigste und langwierigste Organisation kann nicht verhindern, dass Unwägbarkeiten auftreten, zumal es sich der Blogger nicht nehmen lässt, das Territorium auf eigene Faust zu er- und be-fahren. „Ich bin in über fünfundvierzig Ländern selbst mit dem Auto gefahren. Sofern es die Sicherheitslage erlaubt, versuche ich mich so zu bewegen, wie es ein Einheimischer tun würde."

Oft nehmen Raffeiners Reisen einen geradezu abenteuerlichen Charakter an, etwa wenn in Japan ein Supertaifun die ursprüngliche Route unmöglich macht oder in der Ukraine wegen der Fußball-EM gebuchte Unterkünfte plötzlich einfach storniert werden. Luxusurlaub sieht anders aus. „Meine Ansprüche sind sehr niedrig. Eigentlich habe ich keine. Ich habe zusammengezählt vier Monate meines Le-bens auf Schiffen gelebt, drei Wochen davon unter sehr einfachen Bedingungen, das härtet ab. Hotels buche ich nur, wenn es nicht anders geht."

Das alles klingt nicht nach Erholung und Ferienspaß, und tat-sächlich bestätigt Raffeiner, dass seine Reisen oft anstrengender seien als seine Arbeit. Was treibt ihn also an? „Ich komme nach je-der Reise anders heim, als ich aufgebrochen bin. Man kann manch-mal im Urlaub etwas erkennen, was man im Alltag nicht zu erkennen imstande gewesen wäre."

Durch das Reisen hat er sich selbst kennengelernt. Er weiß, was er sich zumuten kann und dass es Pausen braucht. „Es ist schwie-rig, wenn man irgendwo ist, wo es so viel Interessantes zu sehen gäbe, man aber einfach nicht mehr die Kraft hat. Damit muss man erst umgehen lernen und die Pausen entsprechend auch einplanen. Man darf sich auch nicht zu viel vornehmen. Man kann nicht inner-halb einer Woche ein ganzes Land bereisen." Warum dann nicht gleich für ein paar Monate an einen anderen Ort ziehen? Das könn-te er sich durchaus vorstellen: „Wenn es zeitlich, finanziell und von der Arbeit her möglich wäre, würde ich auch längerfristig in einem Land bleiben. Ich bin ja schon einmal ausgewandert und finde mich überall schnell zurecht. Ich bin es gewohnt, es zu akzeptieren, wie es ist, nicht wie die typischen Touristen, die sagen, warum ist es hier anders als zu Hause. Das muss man ablegen, wenn man reisen will. Andere Länder, andere Sitten."

Freilich: Dem Satz, dass man beim Reisen seine Vorurteile abbaue, kann er nicht uneingeschränkt zustimmen. „Manche baut man ab und andere bleiben und manche werden erst recht bestätigt." Es habe kaum ein Land gegeben, das genau so gewesen sei, wie er es sich vorgestellt habe. „Die Kultur ist viel komplexer und vielschichtiger." Dass er sich mit der Zeit auf „Lost Places" spezialisiert hat, kommt nicht von ungefähr: „Mich haben Bunker und militärisch-industrielle Anlagen immer schon interessiert und ich habe ein historisches Interesse an Kriegen, auch am Kalten Krieg. Da ist das eine zum anderen gekommen. Lost Places geben mir die Möglichkeit, diese Strukturen von der Nähe zu betrachten. Dazu hat man sonst nicht die Gelegenheit. Es ist auch ein gewisser Nervenkitzel, wenn man in halb verfallenen Gebäuden unterwegs ist."

Allerdings sieht er sich nicht als „Influencer", auch wenn er immer wieder Zuschriften erhält, in denen ihm Leute für seine Fotos und Berichte danken. Was er erlebe, würde niemand wiederholen wollen, ist er überzeugt. „Ich lande dort, wo sonst niemand landen würde, aus den unmöglichsten Gründen."

Für viele Touristen sei etwa die gute Erreichbarkeit von Destinationen ein wichtiges Kriterium. Die Stadt Heidelberg in Deutschland beispielsweise verdanke ihre Beliebtheit bei US-Amerikanern und Asiaten wohl hauptsächlich ihrer verkehrsgünstigen Lage in der Nähe eines Flughafens, mutmaßt Raffeiner. „Bei den Orten, die ich besuche, ist die Gefahr daher nicht sehr hoch, dass sie zu Anziehungspunkten des Massentourismus werden, da die Fotos zwar sehr schön sind, aber die Verkehrswege, die es dazu bräuchte, nicht existieren. Brest in Belarus ist wunderschön, aber ein Touristenmekka wird es wohl eher nicht."

Ob er das bedauert? „Es ist ein zweischneidiges Schwert. Wie man in der Pandemie sieht, ist Tourismus nichts Stabiles oder

Nachhaltiges, und er zieht viele negative Folgen nach sich. Da muss man sich dann fragen, ob es wirklich eine gute Idee ist. Auf den Bahamas bauen sie den Hafen für immer mehr Kreuzfahrtschiffe aus. Die Lokalbevölkerung hat nichts davon, die Arbeiter in den Hotels haben andere Nationalitäten – und die Umwelt wurde definitiv auch nicht gerettet." Und trotzdem – oder gerade deshalb – sei es ungerecht, dass gewisse Touristenmagneten alles abbekämen und andere, ebenso attraktive Orte leer ausgingen. Wie er das lösen würde? „Es gibt ja bei diversen Reiseveranstaltern Angebote, bei denen man lediglich die Art des Urlaubs wählt, aber bis zum Reiseantritt nicht weiß, wohin es gehen wird. Das wäre vielleicht eine Möglichkeit, denn die meisten Leute sagen ja nicht, ‚ich will unbedingt nach Brixen', sondern eher pauschal ‚in die Alpen'. Oder sie möchten zum Surfen in die Karibik, aber da gibt es zwanzig Inseln, wo sie das erleben könnten, aber sie wählen immer dieselbe Insel, weil die von einer Fluglinie angeflogen wird."

Sollte man sich also quasi vom Reiseveranstalter oder einem Computerprogramm umleiten oder lenken lassen? „Ich glaube, für viele wäre das in Ordnung, sie wären damit zufrieden. Wenn das sauber funktionieren würde, würden die Leute das vielleicht sogar schätzen."

Bei aller Liebe zum Reisen sind Raffeiner die Probleme, die damit einhergehen, sehr wohl bewusst, vor allem im Bereich des Flugverkehrs. Der einzelne Konsument könne freilich nicht viel bewirken. „Es wäre nicht schlecht, wenn es mehr saubere Optionen gäbe. Seltsamerweise kann ich bei fast allen anderen Produkten auswählen, ob ich ‚richtig' oder ‚falsch' handeln will. Ich kann mir ein Auto mit Benzin oder Diesel oder mit Elektromotor kaufen. Ich kann die meisten Strecken mit dem Zug statt mit dem Auto zurücklegen, ich kann im Supermarkt Bioprodukte kaufen oder nicht, aber beim Fliegen gibt es nur sehr zweifelhafte Möglichkeiten, die Emissionen zu kompensieren. Je näher man da hinsieht, desto mehr ist es eine

Lüge. Der Markt gibt dir keine Möglichkeit, zwischen einem normalen Ticket oder einem ‚Bio-Ticket' zu wählen. Das ist ein Problem,
das nur Regierungen oder internationale Organisationen angehen
könnten, Konsumenten können da nichts machen. Deswegen sind
Bewegungen wie Fridays for Future auch wichtig. Aber ich muss
auch zugeben, dass ich nicht nur daheimbleiben und auf Reisen
verzichten will." Trotzdem zweifle er manchmal. „Ich überlege mir
schon oft, soll ich da wirklich hingehen? Wollen die überhaupt, dass
ich komme?"

Vorerst sind seine Reisen durch die Corona-Pandemie nahezu
zum Erliegen gekommen. Dabei wäre 2020 ein besonders intensi-
ves Jahr gewesen: „Es waren drei Wochen Japan, zwei Wochen
Bulgarien, vier Wochen Kaukasus, eine Dienstreise in die USA, ein,
zwei Wochen in der Karibik und dann noch eine Reise in den Weih-
nachtsferien geplant. Es haben sich in den letzten Jahren Urlaubs-
tage aufgestaut, dadurch wäre das möglich gewesen. Stattdessen
waren wir in der näheren Umgebung und kurz in Frankreich und
dann noch eine Woche in der Lombardei zum Wandern. Aber jede
Reise, die nicht zustande gekommen ist, möchte ich nachholen."

Wie gelingt es ihm, seine Vollzeitarbeit und das Reisen unter einen Hut zu bringen? Und wie geht er damit um, dass viele Leute auf
seine Reisen mit Neid reagieren? „Ich habe einmal nach einer
Tauchsafari auf den Malediven mit einem Bekannten gesprochen,
der gesagt hat, er wolle gar nichts davon hören, denn er selbst träume schon lange von einer Reise auf die Malediven, schaffe es aber
aus finanziellen Gründen nicht. Wenn dieser Bekannte mit dem Rau-
chen aufhören würde, könnte er sich jedes Jahr einen Urlaub auf
den Malediven leisten. Es gibt so viele Möglichkeiten. Man muss
nicht zwölf Wochen weg, aber viele schaffen es nicht einmal, die
eine Woche zu organisieren, die durchaus möglich wäre, wenn sie
sich ernsthaft darum kümmern würden. Es gibt so viele Angebote,
gerade im Internet, zum Beispiel Last-Minute-Reisen. Aber manche

Leute sind zu bequem dazu oder halten sich für unentbehrlich bei der Arbeit oder im Verein oder haben Angst, zu Hause etwas zu verpassen. Viele wollen auch nicht alleine reisen. Auch ich hatte anfänglich Angst davor, alleine zu reisen. Die absolute Freiheit ist auch eine Bürde. Menschen schieben oft viele Gründe vor, warum sie nicht reisen können, aber letztlich läuft es darauf hinaus, dass sie eigentlich gar nicht wirklich wollen. Sie versprechen sich etwas, von dem sie sich nicht sicher sind, ob es passiert – oder sie haben Angst, dass es passiert. Klar, wenn ich verreise, kann ich jemand anders sein und mir Gedanken über mich selbst machen. Und vielleicht will ich gar nicht jemand anders sein und über mich selbst nachdenken. Es ist oft einfacher, sich einzureden, dass Familie, Kinder, Arbeit einem im Weg stehen, während man sich in Wirklichkeit dahinter versteckt."

Er selbst jedenfalls sei noch lange nicht reisemüde. „Ich glaube, in irgendeiner Form werde ich noch lange reisen. Wenn es nichts mehr zu lernen gäbe, würde ich aufhören. Wenn ich merken würde, dass sich nach meiner Rückkehr nichts verändert hat, ich nichts Neues über mich und die Welt gelernt habe. Aber solange ich zurückkomme und mir danach zumindest einbilde, die Welt ein bisschen besser zu verstehen als vorher oder einen besseren Einblick in Zusammenhänge zu haben, werde ich weiterreisen."

★ ★ ★
GOLDENE GANS

Arbeit am Gast und Gastarbeit

Das Herz, auch es bedarf des Überflusses,
Genug kann nie und nimmermehr genügen!

Aus: Conrad Ferdinand Meyer, Fülle

1

Tourismus als Bauerntheater
oder: Geteiltes Leid ist doppelte Freude

Früher war bekanntlich alles besser. Außer natürlich das Essen, die Häuser, das Gesundheitswesen, die Straßen und öffentlichen Verkehrsmittel, die Schulbildung, der Schutz von Kindern, Frauen oder Arbeitern, die demokratische Mitsprache und dergleichen Lappalien. Wenn wir heute nostalgisch zurückblicken auf die Jugend unserer Großeltern oder Urgroßeltern, wenn wir den Kitschbildern bäuerlicher Idyllen aufsitzen, die fesche, kerniggesunde Modellkörper auf ihre Heugabeln gestützt in die Ferne blickend zeigen, ignorieren wir die Nöte einer keineswegs rein agrarisch geprägten Gesellschaft. Den täglichen Überlebenskampf in strukturschwachen Berggebieten zum erstrebenswerten Daseinsideal zu verklären, war denn auch eine Erfindung hauptsächlich städtisch-bürgerlicher Kreise. So darf man nicht vergessen, dass etwa Johanna Spyri, die Autorin des Welterfolgs „Heidis Lehr- und Wanderjahre", selbst in einer modernen Zürcher Stadtwohnung residierte und Hausarbeit verabscheute, während sie ihr treuherziges Heidi („das" ist bis heute der gängige Schweizer Artikel für mit -i verniedlichte Frauennamen; so ist die Rede von „dem" Vreni, „dem" Dorli und „dem" Mami) aus der großbürgerlichen Frankfurter Residenz zurück zum ärmlichen Alpöhi schlafwandeln lässt. Derlei rührselige Erzählungen erzeugten in der urbanen Leserschaft eine Sehnsucht nach Ursprünglichkeit, Seelenruhe und Verwurzelung, kurz, nach dem, was wir mit dem trügerischen Begriff „Heimat" zu assoziieren gelernt haben. Diese herbeiphantasierte Heimat allerdings galt es erst noch zu inszenieren.

Der alpine Kur- und Erholungstourismus des 19. Jahrhunderts war eine mondäne Angelegenheit. Durch die Eisenbahnen erfuhr die Mobilität einen gewaltigen Schub, gerade in den Bergen entstanden Meisterwerke der Ingenieurskunst mit beeindruckenden Tunnelbauten und schwindelerregenden Brückenkonstruktionen. Die Anreisezeiten verkürzten sich erheblich, zum Beispiel dauerte die Fahrt von Chur nach St. Moritz nun nur noch vier Stunden – zuvor brauchte man mit der Kutsche zwölf Stunden.

Die Bäder, Sanatorien und Grandhotels präsentierten sich modern, urban, fortschrittlich – eine Welt für sich. Technologische Neuerungen wie elektrische Beleuchtung oder Aufzüge, die noch von eigenen Liftangestellten bedient wurden, mehrsprachige Oberkellner und ein international besetztes Küchenteam, das erlesene Speisen aus aller Welt auf den Teller zauberte, entrückten die noblen Gästehäuser der Sphäre der ärmlichen eingesessenen Bevölkerung, aus der sich meist höchstens ungelernte Hilfskräfte rekrutieren ließen. Bis heute überdauern die Hotspots des alpinen Nobeltourismus als sehr exklusive Inseln der Luxushotellerie für eine internationale Schickeria, technologisch aufgerüstet, architektonisch gewagt, eine Materialschlacht der Superlative für den ganz großen Geldbeutel.

Erst allmählich und vor allem nach dem Ersten Weltkrieg etablierte sich daneben ein anderer, rustikalerer Tourismus für eine etwas geerdetere Klientel. Die Gründe für diese Entwicklung sind vielfältig und reichen vom Abstieg des Adels über die Wirtschaftskrise bis hin zu einer rückwärtsgewandten Sehnsucht nach „Heimeligkeit" in einer zunehmend industrialisierten Welt.

Eindrucksvoll legt der Bündner Kulturwissenschaftler Thomas Barfuss in seinem lesenswerten Buch „Authentische Kulissen" am Beispiel der Schweiz dar, wie Urbanisierung und Fortschritt den Mythos einer traulichen „Dörfli-Idylle" befeuert haben. Je weiter man von der ländlichen Realität entfernt war, desto leichter konnte man sie zum echten Echten, zum wahren Wahren und eigentlichen Eigentlichen erheben. Zugleich bedeutete das, dass der ländliche Raum von der um sich greifenden Modernisierung abgekoppelt werden sollte, um zu bewahren, was anderswo dem Fortschritt weichen musste. Dadurch eben konnten die titelgebenden „authentischen Kulissen" entstehen: Dörfer, die sogar noch quasi im Nachhinein verschweizert wurden, indem man nach Bränden oder bei Neubauten erst jenen Heimatstil verordnete, der als besonders ursprünglich galt. Die Bewohner dieser Kulissen freilich hatten anderes im Sinn, als in einer von außen als ideal vorgegebenen Bauernszenerie sozusagen in Schönheit zu verhungern. Der aufkommende Massentourismus mit Sommerfrische und Skiurlaub schuf die lang ersehnte Gelegenheit, sich unternehmerisch selbstständig zu machen. Hier verquickten sich bürgerliche Projektionen mit aus der Not geborener Geschäftstüchtigkeit auf fatale Weise und führten zu eben jener folkloristischen Erstarrung, die man in zahlreichen Tourismushochburgen der Alpen konstatieren kann. Denn was nun folgte, war Bauerntheater in Reinkultur: Quasi vom Melkschemel weg schlüpfte die Moidl in die neue Rolle der reschen Gastwirtin, während der Sepp die Sense an den Nagel hängte und sich als knackiger Skilehrer präsentierte – so zumindest die Erzählung. Den Gästen gefiel das grobe Schauspiel hinterwäldlerischer Menschen mit schlichtem Wortschatz und starkem Akzent, bei deren kehligen Lauten man nicht immer wusste, ob sie stritten oder jodelten. Dass die Moidl und der Sepp keineswegs blauäugige Dorfdeppen waren, sondern an schon zuvor etablierte Bewirtungstraditionen anknüpften und zugleich sehr geschickt mit der Erwartungshaltung der Zugereisten zu spielen verstanden, ist Teil des touristischen Pas de deux, bei dem immer die eine Seite der anderen einen Schritt voraus zu sein glaubt. Ich schrieb schon von der Notwendigkeit des Ein- und mithin auch Zurichtens der Urlaubskulisse. In den Alpen erfolgte dies mit geradezu schwindelerregendem Pragmatismus: Die Urlauber wollten Tradition, Heimat, Naturidylle (oder genauer: was sie dafür hielten) – also bot man ihnen genau das. Dass man für die Naturidylle erst einmal Raubtiere ausrotten, Steilhänge sichern, Wege ebnen und zur Not auch mal künstliche Seen anlegen musste, dass man sich auch als alteingesessener Tiroler erst noch als Tiroler verkleiden musste, um als solcher erkannt zu werden, dass das Unterhaltungsrepertoire heimeliger Heimatabende erfunden und einstudiert werden musste, all das war ein vergleichsweise kleiner Preis für den ökonomischen Aufstieg. Mit diesem musste freilich behutsam umgegangen werden: Nicht, dass der plötzliche Reichtum am Ende noch die schöne Erzählung vom ländlich-reinen, ursprünglich-bäuerlichen Ferientraum zerstört! Freilich, die Standards mussten mit der Zeit den neuen Bedürfnissen angepasst werden. Etagentoiletten und ein Waschbecken in der Ecke reichten längst nicht mehr, es musste schon ein Zimmer mit WC und Dusche oder Badewanne sein. Auch sonst stiegen die Ansprüche, etwa an die Infrastruktur. Waren manche Urlauber in den Siebzigerjahren noch geradezu enttäuscht, auch im entlegenen Alpendörfchen Strom und fließend Wasser vorzufinden, ist heute eine Unterkunft ohne WLAN inakzeptabel. Immer jedoch gilt: Das hochmoderne Innere darf den Traum von alpiner Idylle nicht gefährden.

Während die Hotels auch in den Dörfern immer größer wurden und in ihren Ausmaßen bald die Grandhotels früherer Tage übertrafen, blieben ihre Fassaden vielerorts dem dörflich-alpinen Stil treu: viel Holz, viel Balkon, viel Hirschgeweih und ein Meer von Geranien. Und auch die anderen Fassaden mussten aufrechterhalten werden, etwa das Essen, die Tracht, die Musik.

Der Besucher sollte wissen: Hier ist noch alles wie früher. Hier gehen die Uhren anders, wenn sie überhaupt gehen und nicht gleich stehen bleiben. Das touristisch ausbeutbare Landleben wurde zum Themenpark für Alpenromantiker. Hier konnten sich die als Tiroler verkleideten Auswärtigen mit den als Tiroler verkleideten Tirolern zusammensetzen, sauren Wein oder dünnes Bier trinken und rustikale Herzlichkeit erleben. Wirtshausschlägerei inklusive. Dass es auch Platz für Schlüpfrigkeiten, Grabbeleien und eigentlich nicht mehr dem Zeitgeist entsprechenden Chauvinismus gab, versteht sich von selbst. Auf der Alm, da gibt's koa Sünd, und wenn man schon mal Gelegenheit zu einer Zeitreise hat, erfreut man sich erst recht ansonsten überkommener Privilegien. Das Entsetzen über die Entgleisungen, Eskapaden und Exzesse, wie sie beispielsweise der Fotograf Lois Hechenblaikner in Tirol dokumentiert, kann daher nur als Resultat eines Verdrängungsmechanismus gedeutet werden, denn genau zu diesen Entgleisungen lädt die Alpenbühne mittlerweile traditionell ein – der Weg von der erfundenen zur empfundenen Tradition ist nicht weit. Wie der Tourismus auch andernorts in der Welt zur nachträglichen „Historisierung" von Bauten, zur Rekonstruktion von Schlössern und zur Inszenierung einer nach prachtvoller Vergangenheit aussehenden Kulisse beigetragen hat, kann man beim Historiker Valentin Groebner nachlesen. Sein Buch „Retroland" führt uns vor Augen, wie vieles von dem, was wir heute für historisch gewachsen halten, nichts anderes ist als touristischer Bühnenbau. Was er für Luzern oder Paris konstatiert, trifft auch in Tirol zu: Nie war Schloss Tirol oberhalb von Meran so trutzig, wuchtig und festgemauert in der Erden wie nach seinem Umbau im 19. Jahrhundert. Und weil das unterdessen auch schon wieder eine Weile her ist, fügt sich alles zu einem ununterscheidbaren „lang, lang ist's her" zusammen, das uns so oder so nostalgische Seufzer entlockt.

Natürlich darf man an dieser Stelle keineswegs so tun, als gäbe es in den Alpen ausschließlich an Fantasy-Filme gemahnende architektonische Geschichtsklitterung, die in einer postmodern *ante verbum* zu nennenden Unbekümmertheit Märchenschlosstürmchen, Heustadel-Ästhetik und Heimatroman-Nostalgie zum heute unverkennbaren Tirolerstil zusammenknödelte.

Es gibt auch die andere Seite: zeitgemäße, geradezu gewagtvisionäre Bauten, funktional und ästhetisch, die sich auf neue Art in die alpine Landschaft integrieren. Nicht alle aber können sich mit diesem modernen Bild einer zeitgemäßen Tourismusarchitektur anfreunden, sondern empfinden sie sogar als Stilbruch, als Zumutung. Manche halten nach wie vor am Traum von Knickerbockern und üppigem Dirndl-Dekolleté, Hirschgeweih und Geranienbalkon fest.

Warum auch den Spielplan ändern, wenn alle zufrieden sind? Der Einheimische kennt seine Rolle bis aufs Stichwort genau, der Gast findet sich in der vertrauten Dramaturgie zurecht, und wenn alle wie aus einer Kehle „Die Stärnäää am Himmäääl, sie sagen dir gut Naaaaaacht" grölen, läuft das Gehirn sowieso nur noch auf Autopilot.

Hierzu eine kleine persönliche Anekdote: Bereits als Kind und später als Jugendliche hatte ich eine fast schon pathologische Abscheu vor der schunkelmunteren Schlagermusik, die bei Feuerwehrfesten und anderen bierseligen Gelegenheiten bis spät in die Nacht durchs ganze Dorf dröhnte. Ich war überzeugt, dass der einzige Grund, warum es diese Art von Bespaßungsgeräusch überhaupt noch gab, der war, dass eine ältere Generation aus Nostalgiegründen daran festhielt. Wenn ich einmal erwachsen sein würde, davon ging ich fest aus, würde der Spuk ausgestorben sein. Spätestens meine Generation würde mit den schleimigen Texten und faden Melodien nichts mehr anfangen können. Ich habe mich gründlich geirrt.

Mittlerweile glaube ich, dass die sogenannte volkstümliche Musik für viele der Mini-Urlaub für den Kopf ist, den sie brauchen, um in einem sie überfordernden Alltag zumindest für Minuten auszusteigen, vergleichbar einem kleinen Schlaganfall, aber ohne dessen unangenehme Folgen. Einfach mal nichts mehr denken müssen und in einer diffusen Wohlfühlwolke aus Gipfelglühen und Alpenerotik versinken – hier ist er wieder, der unausgesprochene Vertrag zwischen Gast und Gastgeber. Sie wünschen, wir spielen. Wir sehen uns wieder im schönen Land Tirol, drum sag Auf Wiedersehen, doch bitte nicht Lebwohl.

2

Tourismus als Motor der Emanzipation
oder: Am Beispiel meiner Großmutter

Ich suche: saisonale Beschäftigung in Teilzeit, die man von zu Hause aus erledigen kann.

Ich biete: organisatorische Fähigkeiten (Buchhaltung, Bürokratie), solide Kenntnisse in der Haushaltsführung (kochen, putzen, Wäsche machen), soziale Kompetenzen (u. a. Konfliktlösungsstrategien), ein Händchen fürs Kreative.

So oder so ähnlich hätte ein Stelleninserat meiner Oma in der Nachkriegszeit lauten können. Nur dass sie kein Stelleninserat aufgeben musste. Die Lösung war schon gefunden. Sie hieß: Zimmer mit Frühstück. Wie ihr ging es vielen Frauen der damaligen Zeit, deshalb sei hier exemplarisch ihre gastronomische Laufbahn nachgezeichnet.

Sie könnte die Moidl aus dem vorherigen Kapitel sein, nur dass ihr „Maria" als „Medi" gerufen wurde: 1926 in Naturns als Älteste von sieben Geschwistern geboren (ein Bruder starb als Kleinkind), erlebte sie Faschismus und Weltkrieg. Die Familie hatte ein paar Kühe und Felder, doch es war eine Landwirtschaft im Nebenerwerb – der Vater war Maurermeister. Italienische Schule, verbotene deutsche Katakombenschule, Geschwisterhüten, Arbeit im Haus und auf dem Hof, so wuchs Medi auf. Zum Nähenlernen schickten die Eltern sie zu einer Schneiderin im Dorf, für eine Kochausbildung sogar für eine Weile nach Arco im Trentino. Nach dem Krieg arbeitete sie im Schnalstal als Kellnerin, wo sie meinen Großvater kennenlernte. Er war der Zweitälteste von zehn Geschwistern (eine Schwester starb mit zehn an einer Blutvergiftung, ein Brüderchen mit drei an einer Hirnhautentzündung), ein begabter Zitherspieler. Medi zog nach der Hochzeit in sein Heimatdorf, nach Plaus. Dort baute mein Großvater ein kleines Sägewerk auf, meine Großmutter unterstützte ihn – bald würden auch die Töchter beim Kistennageln an den Maschinen stehen. Als Nebenerwerb begann meine Oma Zimmer zu vermieten. „Kressbrunn" stand auf dem Haus, und im Sommer hing ein gelbes Metallschild „Zimmer frei" am Geländer der Terrasse. Es war die Zeit des berühmten Slogans „fließend Deutsch und Warmwasser", wobei zumindest bei meiner Oma beides ein zuweilen gewagtes Versprechen war. Und es war die Zeit der Gemeindepartnerschaften – darüber wird noch zu sprechen sein. Als Plauser Bürgermeister initiierte mein Großvater die Gemeindepartnerschaft mit Weisenheim am Berg, einem Dorf in der Pfalz. Busseweise kamen die Gäste angefahren, nicht immer hatten sie reserviert. Aber wenn kein Platz mehr für sie da war, wurde eben einer geschaffen. Im Zweifelsfall vertrieb Oma ihre Töchter aus ihren Zimmern, damit die deutschen Urlauber, die noch spät am Abend spontan hereingeschneit waren, ein Bett bekamen. Familiär ging es zu in dieser ersten Zeit. Die Gäste saßen abends im Gästezimmer oder, wenn es nicht viele waren, in der Küche, mein Opa spielte auf der Zither, man sang zusammen Volkslieder, es wurde getrunken und gelacht. Der Wein hieß Silberstückl A, das war der Gute für die Gäste. Für die Familie gab es Silberstückl B, so wie es überhaupt dazu gehörte, dass die Familie während der „Saison" an zweiter Stelle kam. Ganz leise, auf Zehenspitzen musste man durchs Haus schleichen, wenn die Gäste ruhten. Der Garten und die schönen Liegestühle waren für die Gäste reserviert. Im Kühlschrank war immer ein Platz für die Einkäufe der Gäste vorgesehen („Finger weg!"), und wenn das Wetter passte, aßen sie ihr Abendbrot auf der Terrasse, auf der sonst die Familie zusammensaß. Viele Gäste kamen Jahr für Jahr, man kannte einander, schrieb Briefe, verschickte Weihnachts- und Ostergrüße.

Was in der Retrospektive so traulich klingt, erforderte in Wahrheit eine gewaltige Anpassungsleistung. Die Binsenweisheit, dass Reisen weltoffen und tolerant mache, verschweigt nämlich das kleine, aber wesentliche Detail, dass es nicht in erster Linie die Gäste sind, die weltoffen und tolerant werden. Sondern die Gastgeber.

Diese sind es, die mit den zuweilen exotisch anmutenden Lebensgewohnheiten, Vorlieben und Bedürfnissen ihrer Kunden umgehen müssen und ihre eigene Realität mit den Vorstellungen der Gäste in Einklang zu bringen versuchen.

„Was will der Gast?", war darum auch im Haus meiner Oma eine wichtige Frage, und die Antwort war meistens: mehr. Mehr Speck auf dem Teller, mehr Semmeln im Brotkorb, mehr Leistung fürs Geld. Und meine Oma schaute, was sich machen ließ.

Gewiss: Die zur Schau getragene Toleranz, das freundliche Entgegenkommen auf allen Ebenen waren teilweise bitter erkauft. Hinter den Kulissen gab es Streit, und längst nicht alles, was Gäste wünschten oder taten, traf auf Verständnis. Aber in Tirol weiß man auch, „wer zahlt, schafft an", und so wurden eben die Zähne zusammengebissen und die skurrile Dame mit den drei Hunden konnte abends zur besten Sendezeit ihre Lieblingsserie anschauen, während die Familie sich in die Küche zurück- und von dort aus über die Dame herzog. Gehässigkeiten gegen die zahlenden Gäste waren nicht ungewöhnlich, aber die wurden nur hinter ihrem Rücken und tuschelnd ausgetauscht. Hier teilte meine Großmutter mit zahlreichen anderen aufstrebenden Wirtinnen und Wirten eine bemerkenswerte Fähigkeit, mit der man es im Gastgewerbe weit bringen kann: Sie konnte, unabhängig von ihrer Tagesform und -laune, schlagartig Tonfall wechseln. Selbst wenn sie sich gerade mitten im heftigsten Streit befand – wenn in diesem Moment das Telefon läutete und Gäste Zimmer reservieren wollten, schaltete meine Oma auf ein trauliches Gurren und Flöten um wie das sanfteste Täubchen, eine Intonation, die im Alltag mit der Familie nie zu hören war. Sobald sie den Hörer auflegte, ging es dann mit dem Geschimpfe weiter. Mich hat dieser abrupte Wechsel von Fortissimo auf Pianissimo und wieder zurück immer befremdet, wohl aufgrund meiner eigenen Unfähigkeit zu derlei Stimmungsakrobatik.

In meinem kindlichen Empfinden war es eine unverzeihliche Hinterhältigkeit, Menschen gegen Geld etwas vorzumachen. Erst später im Leben sollte ich begreifen, dass das Gegenteil, nämlich ihnen gegen Geld die Wahrheit zu sagen, ein sehr viel utopischeres Geschäftsmodell ist.

Auf der anderen Seite war ich von der Sinnlichkeit des Gastgeberberufs immer angetan. Das tiefe Gurgeln der Kaffeemaschine, die schäumende Milch (die ich jeden Abend mit der Milchkanne frisch von der Kuh bei den Bäuerinnen nebenan holte),

das Surren der Wurstmaschine, die den Speck in dünne Scheiben schnitt, die großen Taschen voller Semmeln und Vinschgerpaarln, die Oma in die Brotkörbchen schichtete, die kleinen Butter- und Marmeladeportionen auf den Glastellern, die manchmal halb angebrochen zurückkamen, gehören zu meinen frühesten Kindheitserinnerungen (meine Oma hatte den Keller voller selbst gemachter Marmelade, aber die Gäste bekamen die gekaufte, die man für „eleganter" hielt; aus heutiger Sicht reichlich absurd). Und auch der kulturelle Austausch bereicherte meine ersten Lebensjahre enorm: Die Stammgäste beschenkten mich mit Bilderbüchlein und exotischen Süßigkeiten, die ich nicht kannte, die Gastkinder brachten mir neue Spiele bei. Im Gegenzug fühlte ich mich der Unterhaltung der Gäste verpflichtet und sang ihnen Lieder vor oder rezitierte kleine Gedichte. Im Kindergarten wunderte sich die Kindergärtnerin, dass ich schon fließend Hochdeutsch sprach. Man kann also mit einem gewissen Recht behaupten, dass ich meine künstlerische Karriere dem Tourismus verdanke.

Ob meine Oma sich als Feministin gesehen hat? Bestimmt nicht.

Aber in einer Zeit, in der Pensionen und Garnis familiär geführt wurden und Männer sich nicht mit „Frauenarbeit" die Hände schmutzig machten, war es für sie wie für viele andere möglich, ihr eigenes kleines Unternehmen aufzubauen, in dem sie ihre über Jahre erlernten Kompetenzen einsetzen konnte und dafür nicht einmal ihr Haus verlassen musste. Meiner Oma kam dabei zudem der Rat einer Plauser Bekannten zugute, die ihr empfahl, den Beherbergungsbetrieb auf ihren Namen lizenzieren zu lassen. So konnte sie später eine kleine Rente beziehen.

Man darf daher die Anfänge des Massentourismus durchaus auch als Karrierechance für Frauen sehen, die nicht mehr länger auf ihre Rolle als „nur Hausfrau" reduziert waren. Plötzlich waren Putzen, Kochen, Bewirten, Umsorgen und das Schaffen einer heimeligen Atmosphäre gewinnträchtige Fähigkeiten, mit denen man es zu etwas bringen konnte. Mit Unterwürfigkeit, Servilität und Süßholzraspelei allein war es freilich nicht getan. Man musste auch resolut und anpackend sein und im Zweifelsfall durchgreifen können. Meine Oma jedenfalls hatte nie ein Problem damit, ihre Töchter herumzukommandieren und auch gegenüber den Gästen einmal klare Ansagen zu machen. Das entsprach durchaus ihrem Selbstverständnis als Gastwirtin – auch wenn sie zeitlebens zumindest formal an der traditionellen Rollenverteilung zwischen Mann und Frau festhielt. Der Tourismus hat in dieser Hinsicht möglicherweise mehr zur Emanzipation von Frauen beigetragen, als uns bewusst ist. Allerdings darf man auch hier nicht die Grenzen dieses weiblichen Aufstiegs übersehen. Bis heute bleiben die gehobenen Funktionsämter, die Chefetagen, die Führungsgremien von Männern dominiert. Die tatsächliche Gleichstellung der Geschlechter ist wie in anderen Wirtschaftszweigen ein Ziel, das erst noch erreicht werden muss.

Auch die Geschichte meiner Großmutter mündet nicht märchenhaft in ein Happy End. Aus ihrer kleinen Pension wurde kein Grandhotel. Als sie das Rentenalter erreichte, gab sie ihre Zimmer mit Frühstück auf. Eine Weile noch kamen einstige Stammgäste zu Besuch, saßen bei Kuchen und Kaffee in der Küche. Es war der Abgesang einer sterbenden Welt.

Viele Familienbetriebe konnten mit der zunehmenden Professionalisierung und dem ständigen Innovationsdruck nicht mithalten. Zwar gibt es sie nach wie vor, die kleinen, liebevoll geführten Ein-bis-Zwei-Sterne-Häuser, bei denen man seinen Liegestuhl im privaten Garten der Gastfamilie aufstellt. Doch die Zeiten sind vorbei, in denen die Gäste quasi als Freunde der Familie behandelt wurden oder sich vielleicht selbst als solche betrachteten. Das Verhältnis ist distanzierter geworden. Davon profitieren beide Seiten: Auch wenn sie noch so gut gemeint ist, kann launige Leutseligkeit als anbiedernd empfunden werden. Gäste, die durch das Haus geistern, Sachen aus dem Kühlschrank holen oder sich am Abend im privaten Wohnzimmer der Gastgeber das Fußballspiel anschauen wollen, wirken invasiv. Und das ewig gleiche Rollenspiel schmeichlerischer Unterwürfigkeit hat sich verbraucht. Heute treten Gast und Gastgeber in eine pragmatischere Beziehung. Bemerkenswert aber bleibt die hohe Anzahl familiär geführter Hotels vor allem in Tirol und Südtirol – in einer derart globalisierten und zunehmend von Konzernen dominierten Branche alles andere als selbstverständlich. Eine solide Ausbildung in anspruchsvollen Hotel- und Tourismusfachschulen gewährleistet Professionalität und Qualität. Die Moidl und der Sepp haben einen Aufstieg gemacht. Sie sind jetzt selbst wer und ziehen die Fäden. Die innerfamiliäre Ausbeutung in der Küche und hinter dem Tresen ist zunehmend zum Auslaufmodell geworden. Dort halten jetzt andere die Stellung. Sie heißen Hossein und Irina, Damrong und Piroska. Und das Dirndl sitzt wie angegossen.

3

Sloweninnen im Dirndl
oder: Arbeit am Gast als Gastarbeit

Sie sind das Öl, das den Tourismusmotor am Brummen hält: Tellerwäscher, Kellnerinnen, Zimmermädchen, Köche, sichtbare und unsichtbare Servicekräfte in den Eingeweiden der Restaurants und Hotels. Von ungelernten Handlangern bis zu ausgebildeten Spezialistinnen, ohne die meist saisonal Beschäftigten geht nichts. Doch sie aus einheimischen Arbeitssuchenden zu rekrutieren, gelingt nur bedingt. Die Gründe dafür sind vielfältig, beginnend bei der immer nur auf wenige, aber intensive Monate befristeten Arbeitszeit. Jugendliche und Studierende mögen noch für gewisse Tätigkeiten infrage kommen, aber meistens entwachsen sie den gastronomischen Hilfsarbeiten in besser qualifizierte Berufe. Auch schrecken die harten Arbeitsbedingungen viele ab: Es ist nicht ungewöhnlich, dass während der Hochsaison ohne freie Tage durchgearbeitet wird. Belastbarkeit, Stressresistenz, Frustrationstoleranz und hohe zwischenmenschliche Kompetenzen gehören unabdingbar zum Berufsbild, vor allem im direkten Kontakt mit Kunden. Diese können nörglerisch, unzufrieden, aggressiv und zuweilen sogar übergriffig sein – selbst mit einem dicken Fell stößt man zwischendurch an seine Grenzen. Hinzukommen manchmal sehr knapp bemessene Löhne, die gerade die „Unsichtbaren" in Küche und Putzkolonne nicht so leicht mit Trinkgeldern auffetten können wie Kellnerinnen und Baristas.

Prekäre Bedingungen, befristetes Arbeitsverhältnis, niedriger Status: Hier zeigen sich wieder Parallelen zur intensiven Landwirtschaft – und wie in der intensiven Landwirtschaft lautet die Lösung „ausländische Arbeitskräfte". Was in den Sphären der Grandhotels längst üblich war, diffundierte zunehmend auch in den Massentourismus und ist heute gar nicht mehr anders vorstellbar.

Die Angestellten kommen aus Slowenien, der Slowakei, Ungarn, Kroatien, Montenegro, aber auch aus Tunesien, Marokko, Afghanistan, kurz, von überall dort, wo Kaufkraft und Löhne deutlich geringer sind, aber zuweilen – und gerade in den gehobenen Positionen – auch aus Nachbarländern wie Deutschland, wenn man beispielsweise in die Schweiz blickt. Für sie kann sich saisonale Arbeit lohnen: In den intensiven Monaten erwirtschaften sie sich genug Geld, um damit in ihrer Heimat einen bescheidenen Wohlstand aufzubauen oder ihre Familie mit Überweisungen zu unterstützen. Der immer wieder zu hörende Verweis, dass die Löhne daher „im Verhältnis" durchaus angemessen seien (weil etwa vergleichsweise der rumänische Durchschnittslohn doch noch einmal deutlich niedriger liege) hat dazu geführt, dass vielerorts ein beschämendes Lohndumping eingesetzt hat. Aus dem Engadin etwa sind Fälle bekannt, in denen portugiesischen Zimmermädchen für Unterkunft und Verpflegung so viel von ihrem Lohn einbehalten wird, dass der Rest kaum noch zum Überleben in der bekanntlich teuren Schweiz reicht. Denn dass die Gastarbeiterinnen in ihrem Gastland nicht nur arbeiten, sondern eben auch leben sollen, wird gerne verdrängt. Und so ist es nicht ungewöhnlich, dass ihnen „für die paar Monate" nur stickige Hinterhofkammern ohne Sonnenlicht zur Verfügung gestellt werden – um nur darin zu schlafen, reicht es ja allemal. Wobei viele Gastarbeiter sich selbst um eine Unterkunft kümmern müssen und schließlich häufig zu siebt, acht in überteuerten Kleinwohnungen hausen. Etwas anderes ist auch nicht „drin", wenn man als Schwarzarbeiter für einen Euro in der Stunde Tag und Nacht am Bau arbeitet, damit der neue Hoteltrakt rechtzeitig zum Beginn der Wintersaison fertig wird. Die Missstände sind bekannt – doch unternommen wird wenig. Noch ist bei vielen die Sensibilität dafür, dass ausbeuterische Arbeitsverhältnisse nicht nur in Schwellenländern, sondern vor unserer eigenen Haustür und gerade auch im Tourismus anzutreffen sind, noch nicht weit genug gediehen, um wirklich politischen Druck auszuüben. Am Ende liegt es häufig am sozialen Gewissen der Arbeitgeber, welche Bedingungen sie ihren Angestellten bieten wollen. Als Gast hat man kaum die Möglichkeiten zu überprüfen, ob beim Bau des neuen Pools faktische Sklavenarbeit stattgefunden hat oder ob das Küchenteam unter fairen Konditionen arbeiten kann. Ein Indikator kann die Personalfluktuation sein, die aber gerade am Bau, in der Küche oder beim Zimmerservice nur schwer nachvollziehbar ist. Natürlich gibt es zwischen Arbeitgebern und -nehmern oft auch jahrelang bestehende und mitunter sogar sehr herzliche Beziehungen, die von gegenseitiger Wertschätzung geprägt sind. Die Regel dürfte das allerdings nicht sein – wie wir ja auch aus nicht-gastronomischen Sparten wissen.

Doch selbst, wenn die slowenische Kellnerin, der marokkanische Abspüler, der thailändische Koch erträgliche oder sogar günstige Konditionen von Arbeitgeberseite vorfinden – der Faktor Gast darf nicht unterschätzt werden. Gast und Gast-Arbeiter (hier durchaus doppeldeutig zu verstehen) gehören zwar mittlerweile fast untrennbar zusammen, dennoch reagieren manche nach wie vor pikiert auf die Rezeptionistin mit dem leichten Akzent oder den Kellner mit der dunkleren Hautfarbe. Das gehöre sich doch nicht, eine Mazedonierin im Dirndl. Das sei doch unauthentisch, ein Albaner, der Speckknödel rollt. Entsprechende

Rückmeldungen sind immer wieder zu hören. Hier klingt er wieder durch, der Traum vom „Echten" und „Urigen", den man sich im Urlaub erfüllen möchte. Hat man schon in seinem Alltag häufig genug mit Menschen zu tun, die in irgendeiner Weise als andersartig empfunden werden, so möchte man sich zumindest in den Ferien von Homogenität umgeben sehen, vor allem, wenn man noch tiefverwurzelte Vorstellungen von „Volk" und damit verbunden „Volkstum" hegt, mit denen man getrost die Bewohner eines Staates auf „den" Italiener, „den" Russen, „den" Franzosen reduzieren kann. „Der" gemütliche Österreicher, „der" pünktliche Schweizer – hier treffen Vorurteile auf Marketingstrategien, die – wenig verwunderlich – beide nicht die Realität abbilden, aber wesentlich dazu beitragen, dass die Realität deformiert wird. So ist das Dirndl heute keineswegs mehr Erkennungsmerkmal „echter Tirolerinnen", sondern in erster Linie ein recht zuverlässiger Marker für Frauen, die im Gastgewerbe tätig sind. Die propere Dirndlträgerin, die flinken Schritts die Straße hinuntertrippelt, ist mit großer Wahrscheinlichkeit eine Kellnerin auf dem Weg zur Arbeit. Mit dem Dirndl als Arbeitsuniform perpetuiert sich das Bild der als Tirolerin verkleideten Tirolerin, mit dem feinen Unterschied, dass es nun vielleicht eine Tschechin ist, die als Tirolerin verkleidet ihren Dienst versieht. Der Gast nimmt zur Kenntnis. Und nimmt übel. Wenn die Brüche im Urlaubsversprechen sichtbar werden und die dahinter liegende Realität zutage tritt, ist die Enttäuschung (im Sinne vom Ende einer Täuschung) unvermeidlich. Urlaubsenttäuschungen aber schmerzen besonders. Das alte Rollenspiel vom indigenen Wurzelmenschen, der jedes Mal wieder aufs Neue von Zivilisation und Fortschritt geblendet ist, hat sich zwar verbraucht, doch die Erzählung von der heimeligen Heimat, die in knorrigem Traditionsbewusstsein verharrt, fasziniert noch immer. Es sind allerlei Verrenkungen nötig, um die Svetlanas und

Mladens, die Mohammeds und Dragicas in diesem Storytelling verschwinden zu lassen und somit Gast und Gastarbeiter, die doch so eng miteinander verwoben sind, sauber voneinander zu trennen. Sie sind nicht die Köpfe der Kampagnen, die „Menschen von hier" in ihrer Einzigartigkeit, mit ihrer Erfindungsgabe und ihren Einsichten porträtieren. Sie sind ja auch genau genommen nicht „von da", obwohl sie selbstverständlich „da" sind und wesentlich dazu beitragen, dass „da" zu sein das bedeutet, was es bedeutet. Und ob sie nun Dirndl und Lederhose tragen oder nicht: Sie bleiben Fremdkörper, am ehesten noch vergleichbar den Hummeln und Bienen, die nach der Saison, wenn sie ihre Schuldigkeit getan haben, wie ein Spuk verschwinden. Sie sollen dezent sein, diskret, umsichtig und zuverlässig, aber ansonsten am liebsten nicht sichtbar oder spürbar – somit fungiert der Gastarbeiter als die Erwachsenenwindel der Tourismusindustrie: unverzichtbar für den schönen Schein, aber zugleich etwas peinlich, ein notwendiges Übel, das man am liebsten verdrängt. An den Saisonarbeitern vollzieht sich spiegelbildlich, was auch der Tourist erlebt: Die kurze Zeit des Aufenthalts ist letzten Endes nur eine Duldung mit Ablaufdatum, erkauft mit klingender Münze oder schierer Arbeitskraft. Im Grunde ist das nur konsequent: Wer sich auf das Vermieten von Heimat spezialisiert hat, der kann im Teilen von Heimat keinen Mehrwert sehen. Wer teilt, lässt zu, dass etwas kleiner wird, undefinierter, verwässert. Wer vermietet, bewahrt das Pure, Unverfälschte – oder bildet es sich zumindest ein, auch wenn gerade die Behauptung des Authentischen die größte Deformation von allen ist.

Und so werden der touristische Boom, der ökonomische Aufschwung, das zukunftssichernde Erfolgsmodell als Verdienst einer selbstverständlich autochthonen Bevölkerung mystifiziert, die visionär, mutig und mit unablässigem Fleiß Aufbauarbeit geleistet hat und leistet. Der Anteil der nicht-einheimischen

Arbeiterinnen und Arbeiter, die diesen Aufbau wesentlich mitgetragen haben, wird minimiert oder gar mit dem Verweis auf die lukrativen Einkommensmöglichkeiten in der Gastronomie negiert. Wir haben ein Paradies geschaffen, in dem die Gäste genießen und die Gastarbeiter gutes Geld verdienen können. Dann sollen wir wenigstens den Ruhm dafür einheimsen.

Und Dragica? Heißt in der nächsten Saison Iveta.

4

Der gastronomische Blick
oder: Genug ist nicht genug

Ab wann wird ein flammendes Abendrot zu kitschig? Gar nicht, möchten wir sagen. Was Natur aus sich heraus erzeugt, entzieht sich solchen Kategorisierungen wie „Kitsch" oder „Geschmacklosigkeit", und ob sie auf uns schön oder hässlich wirkt, ist letztlich belanglos. Anders das Gebilde von Menschenhand. Vom Haarschnitt bis zur Kleidung, die wir tragen, von den Möbeln bis zu den Wohnungen, die wir bauen – wir haben einen Sinn für Angemessenheit. Und das Maß, das wir dafür anlegen, ist das unserer eigenen Erfahrung. Fügen sich Haarschnitt und Kleidung in die gegenwärtige Mode ein, empfinden wir sie als „harmonisch", da sie sich nicht dissonant zu unserer Sehgewohnheit verhalten. Diese wird zum obersten Prinzip von „Normalität" erhoben, ein objektives Kriterium lässt sich allerdings kaum ausmachen. Ob wir flammend rote Haare, kreisrunde Tonsuren oder untertassengroße Lippenteller als „grotesk" oder „angemessen" empfinden, hängt von unserer Sozialisation ab, nicht von einer universellen Ästhetik. Zugleich ist unser derartig entstandener Geschmack nicht in Stein gemeißelt. Vor allem wenn Menschen, die wir bewundern, plötzlich eine neue Mode ausrufen, sind wir bereit, dem Trend zu folgen. Hat sich dieser erst einmal zu einer empfundenen Normalität verfestigt, können wir weiter an der Gestaltungsschraube drehen, bis wir uns von einer früheren Norm so weit wegbewegt haben, dass sie uns geradezu abwegig erscheint. In der Retrospektive lachen wir daher über die abstrusen Moden vergangener Zeiten und feiern in Bad-taste-Partys unsere Befreiung aus der „ästhetischen Verirrung". Aus derlei Erfahrungen leitet sich möglicherweise die unselige Behauptung ab, dass jedwede Wahrheit im Auge des Betrachters liege.

Menschengemachte Landschaften folgen ebenso einer organischen Wachstumslogik wie natürliche: Sie verändern sich schrittweise und im Rahmen ihrer Möglichkeiten. Sich invasiv verbreitende Pflanzen beispielsweise stoßen erst an ihre Grenzen, wenn der Nährboden fehlt oder ihnen natürliche Feinde den Garaus machen. Das Drama der natürlichen Auslese wirkt jedoch aus der distanzierten Perspektive harmonisch. Nur der analytische Blick erkennt die Kämpfe, die sich unter der Oberfläche abspielen.

Durch die evolutionäre Veränderung unseres Umfelds gelingt es uns nicht immer, das Ausmaß der Eingriffe realistisch einzuschätzen. Die graduelle Anpassung unserer Wahrnehmung an die sich entwickelnden Gegebenheiten führt dazu, dass wir noch immer als angemessen einstufen, was Außenstehende schon als grotesk empfinden.

Ob wir die endlosen Apfelplantagen des Vinschgaus als lieblich oder als abstrus wahrnehmen, hängt stark mit der Erzählung zusammen, die wir damit verbinden. Der Romantiker, der von majestätischen Bäumen mit ausladenden Kronen träumt, erblickt in den schnurgeraden Reihen eine verstümmelte Natur. Der Pragmatiker erkennt die Praxistauglichkeit. Und wer damit aufgewachsen ist, hält sie ohnehin für naturgegeben, auch wenn es sie tatsächlich noch gar nicht so lange, nämlich erst seit wenigen Generationen gibt. Das genügt freilich, um in denen, die nichts anderes kennen, das Gefühl von Tradition und Kontinuität zu erzeugen. „Das haben wir immer schon so gemacht" ist bekanntlich die faktisch schwächste, emotional aber stärkste, weil am einleuchtendsten wirkende Argumentation. Sich gegen „das haben wir immer schon so gemacht" zu stellen, bedeutet Verrat am Erbe der Väter und Betreten eines unbekannten und damit gefährlichen Terrains. Zugleich verschleiert der Verweis auf „das haben wir immer schon so gemacht" die Tatsache, dass die Umstände, in denen eine tatsächliche oder gefühlte Tradition entstanden ist, nicht mehr denen der Gegenwart entsprechen, ja, dass vielleicht gerade die jahrzehntelange Praxis entscheidend dazu beigetragen hat, dass die Welt eine andere geworden ist und daher neue Strategien erfordert. Man kann nicht weiterhin Bäume fällen, wenn der Wald gerodet ist.

Es gibt daher eine übergeordnete Wahrheit, die nichts mit subjektiver Verklärung zu tun hat, sondern mit Tatsachen. Jenseits von ästhetischen Fragen geht es um Biodiversität, um Bodengesundheit und Lebensraum. Wie es darum bestellt ist, erweist sich in Bodenproben oder Insektenzählungen, nicht aber in der gefühlten Wahrheit unserer Ästhetik oder unseres Traditionsempfindens. Inhaltliche Debatten müssen daher vor allem unter Berücksichtigung der messbaren Fakten geführt werden, auch wenn diese in ihrer Interpretation nicht immer eindeutig erscheinen.

Dasselbe Prinzip müssen wir uns auch vor Augen halten, wenn wir über touristische Räume sprechen. Denn gerade bei diesen findet nach allen Richtungen eine bemerkenswerte Wahrnehmungsverzerrung statt, wohl nicht zuletzt wegen eines schrittweisen evolutionären Hinübergleitens des eingeborenen Homo alpinus in die Daseinsstufe des gastgebenden Homo hospitalis (ob diese Stufe höher oder niedriger liegt als die vorherige, ist ebenfalls eine Frage der Perspektive).

Wie viel Tourismus ist zu viel? Die Toleranzschwelle ändert sich stetig. Ist ein zuvor angenommenes Übermaß erreicht, passt sich unser Empfinden der neuen Realität an und schiebt die Schmerzgrenze noch ein bisschen weiter hinaus. Wie bei einer Hyposensibilisierung führt das ständige Erhöhen der Dosis zu einer zunehmenden Unempfindlichkeit, und wie bei einer Suchterkrankung braucht man immer mehr, um überhaupt noch einen Reiz zu verspüren. Wo der Neuankömmling eine seelenlose Tourismuswüste sieht, erkennt der gastronomische Blick des Homo hospitalis noch Ausbaupotenzial. Überhaupt sucht der gastronomische Blick unentwegt nach Optimierungsmöglichkeiten und misst die Landschaft nach ihrer „Verwertbarkeit" – und mithin nach ihrer Monetarisierbarkeit. Wo nahezu jedes Haus schon einem touristischen Zweck zugeführt und der private Raum also ausgeschöpft ist, wie beispielsweise in vielen Skigebieten, entstehen neue Begehrlichkeiten. Das Ausreichende kann in dieser Logik immer nur ein vorläufiger Zustand sein, der schon morgen ins Ungenügende kippt. Genug ist nicht genug – nur ein ständiges Mehr und Besser können der fluktuierenden Anspruchshaltung von Gast und Gastgeber gerecht werden. Die Folge: Der öffentliche Raum ohne kapitalistischen Mehrwert wird zurückgedrängt. Parks oder Bibliotheken, Spielplätze und Jugendräume dienen höchstens noch zur Entschärfung sozialer Konfliktpotenziale, doch im Zweifelsfall müssen sie dem Einkaufszentrum, der Erlebniszone, dem Gastgarten weichen, also Räumen, die ohne finanzielle Gegenleistung nicht genutzt werden können. Das Gratis-Vergnügen, das Glücksgefühl ohne Aufpreis sind in diesem System Fehler, die es zu beheben gilt. So haben findige Touristiker schon begonnen, das eigentlich Unverfügbare verfügbar zu machen und als Exklusivpaket anzubieten. Du möchtest am Morgen als erster Skifahrer deine Spur in den frischen Schnee zeichnen? Dieses Privileg hat einen Preis. Auch im alpinen Tourismus gibt es längst Vorzugstickets wie in Themenparks, die einen rascheren Zugang zu den Fahrgeschäften ohne lästiges Anstehen erlauben. Das Premiumpaket verspricht lokale Genüsse, die selbst Einheimischen verwehrt bleiben. In diesem Zusammenhang darf es übrigens verwundern, dass in der Gastronomie nach wie vor „Geheimtipps" sogenannter „Insider" als beliebtes Lockmittel verwendet werden. Die wahren Insider sind längst nicht mehr jene, die zufällig auch noch da wohnen, sondern jene, die sich den Zugang zur „Inside" leisten können. Der bescheiden bemittelte Einheimische hingegen bleibt ein Outsider wie jeder andere auch, der sich höchstens sehnsuchtsvoll die Nase am Schaufenster plattdrücken kann. Für den Tourismus ist das freilich ein Glücksfall: Gast und Einheimischer werden hier gleichermaßen und ununterscheidbar zu Konsumenten. Perfiderweise wird diese faktische Enteignung des öffentlichen Raums häufig noch als Vorteil für die Ansässigen dargestellt: Seht, die schönen Anlagen, die wir vor eure Haustür gebaut haben und die ihr mitbenutzen dürft! Den Preis dafür bezahlen freilich Umwelt und Zivilgesellschaft.

Intensiver Tourismus generiert Konsum-Kulissen, die schrittweise ver- und aufgebraucht werden, bis neue Inszenierungen an ihre Stelle treten. Wie in der intensiven Landwirtschaft droht eine Überdüngung der zunehmend ausgelaugten Nährböden. Und wie bei der intensiven Landwirtschaft gibt es keine einfachen Antworten auf die Frage nach einem Ausweg – denn wie bei der intensiven Landwirtschaft sind wir alle Teil des Problems.

5

Die Riesenmaschine
oder: Von Wurzeln und Pilzen

Wer durch den Wald geht, sieht eine Abfolge einzelner Pilze, Büsche, Bäume, scheinbar willkürlich verteilt. Einen einzelnen Baum oder Busch aus diesem Ensemble zu lösen, scheint keinen großen Unterschied zu machen. Was dem Auge entgeht, sind die unterirdischen Verflechtungen der Pflanzen und Pilze. So spannt sich ein riesiges Netz unter dem Waldboden, in dem Nährstoffe und Informationen ausgetauscht werden. In der Umgangssprache wurde der Begriff Wood Wide Web für die Verstrickungen von Pflanzenwurzeln und Mykorrhizen geprägt, und die assoziative Nähe zum digitalen World Wide Web, in dem wir alle verstrickt sind, kann durchaus als passend angesehen werden. Noch passender erscheint mir aber der Vergleich mit den unsichtbaren, aber existenziellen Verflechtungen menschlicher Gemeinschaften. Auch dort sind gegenseitige Abhängigkeiten nicht immer auf den ersten Blick ersichtlich. Manch einer mag sich gar für eine Insel halten oder gewisse, ihm nicht genehme Gewerbezweige für entbehrlich erklären. Während der Corona-Pandemie konnte man miterleben, wie erbittert die Diskussion um „Systemrelevanz" geführt wurde. Im Überlebenskampf versuchte jeder seine Daseinsberechtigung mit Umsatzzahlen, Arbeitsplätzen und Produktivität zu begründen. Nach solchen Kriterien bemessen war klar, dass der Tourismus ein Schwergewicht der Systemrelevanz darstellt und sich daher jegliche Kritik

verböte. Als Beispiel möchte ich die vielpraktizierte und -kritisierte Umbauwut großer Hotelbetriebe in der Zwischensaison zitieren. Geboren aus dem Kalkül der Steuervermeidung, hat sich die unablässige Bauaktivität zu einem Kontinuum etabliert, das geradezu den Charakter eines Naturgesetzes angenommen hat. Sobald die Gäste weg sind, wird gebaut. Erstens, damit der Fiskus nicht am erwirtschafteten Gewinn mitnascht. Zweitens, weil man dann wieder mit neuen Angeboten prunken kann. Und drittens, weil sich der Bodenleger, der Tischlereibetrieb, die Poolbranche drauf verlassen. Mit den lukrativen Aufträgen der Hotellerie bestreiten sie einen guten Teil ihrer Jahreseinkünfte, und so können auch in ländlichen Gegenden deutlich mehr Handwerksbetriebe überleben, als die Anzahl der Einwohner vermuten ließe. Und es endet nicht hier, denn Zahnärztinnen, Kosmetiker, Physiotherapeutinnen, Kinderanimateure, Juwelierinnen, Boutiqueninhaber und viele mehr profitieren ebenfalls vom Tourismus. Und auch kleine, „alternative" Betriebe, die beispielsweise biologische oder selbst gemachte Produkte anbieten, leben vom ständigen Zustrom potenzieller Kunden, wenn der einheimische Markt ansonsten für ihr Nischenangebot zu klein wäre. Nicht zuletzt werden auch kulturelle Angebote wie Konzerte oder Kunstinstallationen im öffentlichen Raum häufig maßgeblich vom Tourismus mitgetragen. Dieser hat somit einen essenziellen Anteil daran, dass der ländliche Raum attraktiv bleibt und es nicht wie in der Vergangenheit zu großen Abwanderungsbewegungen kommt. Als Treiber von Innovation, Fortschritt und Wachstum ist der Tourismus bis in die feinsten Verästelungen der Gesellschaft mit dieser verwoben. Sogar der Fotograf, der mit seinem Bildband die Exzesse der Après-Ski-Hölle entlarvt, ist letzten Endes ein Rädchen, das vom Tourismus bewegt wird. Wie diese Beispiele zeigen, kann selbst der Versuch, gewisse Auswüchse des Tourismus zurückzustutzen, weitreichende Auswirkungen auf das gesamte wirtschaftliche und soziale Ökosystem einer Gegend haben: der Tourismus als Riesenmaschine, die alle verschlingt.

Freilich ist genau das auch Hauptargument all jener, die sich eine Einmischung in touristische Angelegenheiten verbitten und auch nur schon die Diskussion über weniger invasive und nachhaltigere Konzepte abzuwürgen trachten. Wer rein der Logik der ökonomischen Systemrelevanz folgt, hat dem Diktat der unablässigen Expansion nichts entgegenzusetzen. Aber auch das ist eine Lehre aus der Corona-Krise: Die Logik der ökonomischen Systemrelevanz allein wird uns als Gesellschaft nicht gerecht. Um beim Bild des Wood Wide Web zu bleiben: Auch die großen Bäume mit armdicken Wurzeln brauchen das haarfeine Geflecht winziger Pilze, um zu überleben. Die Floskel von der Kultur als Lebensmittel ist billig und abgegriffen, aber eine Wahrheit hat sie zu bieten: Lebensmittel im Sinne von kraftspendend und nährend kann auch das scheinbar Unproduktive sein.

Tatsächlich lebt ja die gesamte Tourismusindustrie von der Lebensnotwendigkeit der Unproduktivität, um hier eine etwas überspitze Definition von „Urlaub" zu bieten. Einfach mal die Beine und die Seele baumeln lassen, tagträumen, das Panorama genießen und ansonsten nichts tun: Das tut uns wohl und ist so wichtig, dass der Anspruch auf Urlaub ein verbrieftes Recht jedes Arbeiters, jeder Angestellten ist – und gleichzeitig die Triebfeder der gesamten Tourismusindustrie. Deren Kerngeschäft ist es folglich, Freiräume und regelrechte Leerstellen zu schaffen, die sich dem Hamsterrad der Produktivitätsspirale entziehen. Die Atempause, das Zurücklehnen, das Sein-Lassen, der Genuss sind für die Branche wesentlich. Schon allein deswegen ist eine Überhitzung des Motors letztlich auch für die Gastronomen selbst kontraproduktiv. Wer den Berg mit Hotels, Gondeln und

Sportanlagen zupflastert, verliert am Ende: den Berg – damit buchstäblich die Grundlage seines Geschäftsmodells.

Die Touristiker befinden sich somit nicht auf der einen Seite der Wippschaukel, sondern an deren Drehpunkt. Zwischen Touristen und Einheimischen, zwischen Gästen und Gastarbeitenden, zwischen Inszenierung und Ursprünglichkeit, zwischen Hochdruck und Entspannung müssen sie die Balance finden, mit der die Wippe weiterschwingen kann. Und das ist keine salbungsvolle Rhetorik, sondern letztlich eine Frage des unternehmerischen Überlebens.

Im Porträt

Die Zeit der Dienerschaft ist vorbei

Nicole Heymich, Hotel Bär, Serfaus

Das 4-Sterne-Superior-Hotel Bär in Serfaus im Tiroler Oberland ist eine Familienangelegenheit. Im doppelten Sinne: Geführt wird es von der Familie Heymich, und es gehört zusammen mit dem „Bruder"-Hotel Löwen zu den gehobenen Kinderhotels nicht nur in Tirol, sondern darüber hinaus. Alles ist auf Urlaub mit Kindern zugeschnitten: großzügige Suiten, ganztägige Animation mit Kletterhalle und Schwimmkurs, Babybrei und Kinderbuffet im Speisesaal, Buggy-Verleih, bis hin zu Tritthockern in den Bädern. Im Kinderclub haben Erwachsene keinen Zutritt, es wird herumgetollt, gebastelt, Theater gespielt. Wer hier eincheckt, betritt einen eigenen Kosmos, der sich in seiner Dynamik beinahe anfühlt wie ein lebendes, atmendes Wesen, in dessen Eingeweiden man verloren gehen kann. Das Hotel als Walfischbauch, in und mit dem man abtaucht – die biblische Geschichte des Propheten Jona drängt sich auf. Auch Jona brauchte bekanntlich eine Auszeit, um zur Besinnung zu kommen und Kraft zu schöpfen für neue Aufgaben. Die Gelegenheit dazu hatte er im Bauch des Biests. Im Hotel Bär sind Nicole und Charly Heymich, beide in ihren Dreißigern, die Dompteure des Biests, „Gastgeber mit Leib und Seele", wie Nicole Heymich es formuliert.

In die Wiege gelegt hat sie die Karriere als Gastgeberin nicht bekommen. Sie ist in einem, wie sie es nennt, „Kuhdorf" im deutschen Rheinland aufgewachsen, ihr Vater ist Banker, die Mutter Buchhalterin. An eine Karriere in der Gastronomie dachte anfänglich niemand, auch sie selbst nicht. Als Kind wollte sie Stewardess werden, zur Hotellerie fand sie erst später über einen Persönlichkeitstest in der Zeitung. Was sie damals an der Arbeit faszinierte: „Dass ich da immer nett sein kann. Dass ich lachen kann. Ich war immer schon

ein fröhlicher Mensch." Aber auch, dass sie sich entfalten könne, dass man sie machen lasse, habe ihr zugesagt. Das passt zu ihrer zupackenden, unkomplizierten Art. Vom Büro an die Rezeption, von der Küche in den Lagerraum, vom Bügeltisch zur Nähmaschine – was grade ansteht, wird erledigt. Nicole Heymich kennt keine Berührungsängste. Sie hat das Handwerk von der Pike gelernt, vom Toilettenputzen während des Karnevals bis zum 20-Stunden-Service an Silvester. Sie ist dabei um die halbe Welt gekommen, mit Stationen unter anderem in New York, Dubai, St. Moritz. Zuckerschlecken war es keines. Erschöpfung, Enttäuschungen, Tränen, das gehörte dazu. Der Rückhalt ihrer Eltern sei entscheidend gewesen, gerade in den schwierigen Phasen der Lehre – und derer gab es einige. Trotzdem fühle sie sich in dieser Branche ganz in ihrem Element. Für andere da zu sein, in das Gesicht des Gastes ein Lächeln zu zaubern, das erfülle sie mit Freude. Es passe auch zu ihrer starken sozialen Ader. Als ich sie frage, ob sie darin typisch weibliche Eigenschaften erblicke und ob Frauen daher eher für diesen Beruf prädestiniert seien, zögert sie. Eigentlich, sagt sie dann, sei ihr Mann genauso: sehr sozial engagiert, und zwar über den Beruf hinaus, ob früher als Rettungswagenfahrer oder heute bei der Freiwilligen Feuerwehr. Man könne da keine so klare Trennung machen.

Entscheidend sei die individuelle Sozialkompetenz, die Fähigkeit, mit unterschiedlichsten Charakteren umzugehen. Touristen seien in gewisser Hinsicht auch wie Kinder. „Sie kommen in irgendetwas rein, was sie nicht kennen, so wie ein Kind auch, und sie brauchen Hilfe. Sie brauchen Hilfe, den Weg zu finden, den richtigen Spaß, die richtige Beschäftigung oder auch die richtige Entspannung." Freilich, erziehen könne man den Gast nicht. „Aber du kannst ihn ein Stück weit lenken oder du kannst ihm die Augen öffnen, und dann kann er sich ja selber erziehen." Hier sei Kommunikation wichtig, gerade in heiklen Situationen wie während der Corona-Pandemie. „Wenn ich sinnvoll begründen kann, was ich mache, kann ich Menschen auch dahin lenken, wo ich sie haben möchte."

Dafür brauche man die Fähigkeit, sich selbst zurückzunehmen, aber auch ein bisschen Schauspieler zu sein. Keine Miene zu verziehen, wenn man mal von einem Gast angeschrien werde. Trotzdem sei es auch wichtig, Grenzen zu setzen und auch mal jemanden nach Hause zu schicken. „Wir sind nicht mehr in den Jahren der Dienerschaft. Wir sind heutzutage gleichwertige Partner." Der Gast habe Anspruch auf Respekt, aber denselben Anspruch hätten auch die Gastgeber. „Ich muss nicht jeden einzelnen Menschen mögen. Aber er kriegt von mir dieselbe Leistung wie jeder andere auch. Ja, es gibt Menschen, die kannst du nicht riechen. Nichtsdestotrotz hat der Gast Anspruch auf den perfekten Urlaub. Aber wenn der Gast sich danebenbenimmt, wenn er sich respektlos verhält, wenn er rassistisch ist – dann müssen wir diesen Gast nicht dulden."

Manche Missstände ließen sich verhindern, indem man ihnen keinen Nährboden böte. „Wenn ich etwas nicht anbiete, dann bin ich für denjenigen nicht attraktiv." Man könne daher sehr wohl beeinflussen, welche Art von Urlauber man anziehe. Ob Spaß-Tourismus, Menschen aus bestimmten Weltregionen oder mit besonderen Bedürfnissen: Das seien sehr bewusste Entscheidungen, beginnend bei der zielgerichteten Werbung bis hin zur angepassten Speisekarte.

Allerdings: „Entweder machst du es richtig oder gar nicht. Halbe Lunge funktioniert nicht. Wenn einer versucht, auf Wellnesshotel und Kinderhotel gleichzeitig zu machen, das funktioniert nicht. Da werden irgendwann die Interessen aufeinanderschlagen." Oft entstünden Konflikte durch die Erwartungen, mit denen jemand anreise. „Menschen machen sich eine Vorstellung, wenn sie in Urlaub kommen. Wenn ich diese Vorstellung nicht treffe, dann ist sofort Enttäuschung da. Dann muss ich versuchen, das auszubügeln. Es gibt Menschen, die sind grundsätzlich enttäuscht, weil sie Vorstellungen haben, die vielleicht nicht real sind, weil sie sich auch mit dem Produkt nicht beschäftigt haben oder weil sie überheblich sind – da gibt es Tausende Gründe."

Das Um und Auf bei dieser Arbeit sei daher die Zusammenarbeit im Team. Sie und Charly seien ein starkes Team, aber auch die Mitarbeiter in den verschiedensten Bereichen seien von essenzieller Bedeutung. Letztlich sei das Team immer nur so stark wie sein schwächstes Glied. Daher lege sie bei der Auswahl neuer Mitarbeiter großen Wert auf das Herz – „Technik kann ich beibringen". Was wie ein Lippenbekenntnis klingt, ist gelebte Realität. Lehrlinge unterschiedlichster Herkunft auszubilden, sich auch mal vor ihre Mitarbeiter zu stellen und sie beispielsweise gegen rassistische Angriffe zu verteidigen, ist für die Heymichs selbstverständlich. Für einen Lehrling aus Afghanistan sind sie bis nach Wien gefahren, haben gegen seine Abschiebung gekämpft – und von ihm viel zurückbekommen: Ehrlichkeit, Fleiß, Unterstützung. Das Zwischenmenschliche mache sehr viel aus, auch wenn man nicht mit jedem „best friend" sein müsse.

Gerade in einer Branche, die ständig im Wandel ist, ist ein solides Wertefundament wichtig, davon ist Nicole Heymich überzeugt. So sei der Spruch, dass Stillstand Rückschritt bedeute, zwar nicht von der Hand zu weisen, doch Innovation und Fortschritt müssten sich auch mit Tradition und Werten verbinden. Das beginne bei alten Möbelstücken, die gehegt und gepflegt würden, um dann auch im modernisierten Ambiente urige Gemütlichkeit auszustrahlen, gehe weiter über das Dirndl, das in der richtigen Qualität (nicht „das 16,99-Euro-Oktoberfest-Polyester-Dirndl") ein Kleidungsstück sei, das Kultur und Tradition transportiere, bis hin zur Kinderanimation, wo beispielsweise bewusst auf moderne Medien verzichtet werde. Viel wichtiger sei es ihr, die Kinder aus der Reserve zu locken und ihnen beispielsweise Fertigkeiten wie das Häkeln zu vermitteln. So könnten die Kinder nach einer Woche ihre eigene Mütze mit nach Hause nehmen, statt den ganzen Tag vor dem Bildschirm zu hocken. Das passt zu der Trendumkehr, die Nicole Heymich feststellt: Der Urlauber lege wieder mehr Wert auf Genuss, sei bereit, sich Zeit zu nehmen, um wirklich zur Ruhe zu kommen. Zeit sei ohnehin ein entscheidender Faktor, der wieder mehr in den Vordergrund rücke. Insofern sei die Corona-Situation auch eine Art Denkzettel für einen ungesunden Lebensstil, der nicht mehr länger tragbar sei. „Wir sind zwangsausgebremst worden. Und ich glaube, dass die Bremse gut ist für uns, um vielleicht einen besseren, gesünderen, natürlicheren und gemäßigteren Weg im Leben zu finden." Insofern sei für touristisch überlaufene Destinationen wie Venedig die Pandemie das Beste, was passieren konnte. „Die haben jetzt die Chance, sich neu zu orientieren, zu sagen, wir lassen nicht mehr diese Menge von Touristen rein, wir lassen nicht mehr diese Menge von Schiffen rein, die weiterhin unsere Böden aufwühlen und damit die Fundamente unserer Häuser kaputt machen." Wenn eine Stadt, eine Region durch übermäßigen Tourismus drohe, nicht mehr lebenswert für die Einheimischen zu sein, müssten Konsequenzen gezogen werden. In Serfaus sieht sie diesen Punkt noch nicht erreicht. Der Tourismus sei Lebensgrundlage und Garant für Wohlstand, der letztlich auch denen zugutekomme, die nicht direkt in der Gastronomie beschäftigt sind.

Ich frage Nicole Heymich, was sie von dem Bild halte, dass Touristiker ihre Gäste wie Melkkühe behandelten. Sie kann mit dieser

Metapher wenig anfangen. „Wir arbeiten in einer Sechs-Tage-Woche, sechzig bis achtzig Stunden pro Woche, diese Stunden müssen auch irgendwie gedeckt sein. Überstundenzuschläge sind teuer. Wenn ich mir das mal ausrechnen würde, dann ist es vielleicht auch nur eine Art Schmerzensgeld, die wir kriegen."

Der vergleichsweise höhere Preis für die Tasse Kaffee im Dorf sei auf der anderen Seite wieder durch die vielen Angebote und Leistungen gerechtfertigt, die den Gästen ansonsten zur Verfügung stünden, etwa kostenlose Seilbahnen im Sommer. Und wer auf 2.000 Meter Höhe einen Kaffee trinken wolle, der müsse eben auch damit rechnen, dass er schon aufgrund des erschwerten Transports und des höheren Aufwands teurer sei. Dann räumt sie allerdings mit einem Lächeln ein, dass manche Getränkepreise im Vergleich zu den Essenspreisen in der Region Serfaus – Fiss – Ladis „sportlich" seien. Als Einheimische müsse sie das schon auch anmerken. Als Einheimische? Ja, sie sei angekommen. Leicht sei es nicht gewesen. Aber jetzt, sagt sie, sei sie „glücklich, wo andere Urlaub machen."

Überhaupt findet Nicole Heymich, dass das Bewusstsein für die Privilegien, derer wir uns in unserem Winkel der Welt erfreuen, durchaus wichtig sei. Das vermittelt sie ihren Kindern, aber auch ihrem Personal und ihren Gästen. „Ich will das Gefühl schaffen, dass gewisse Dinge rar sind. Dass es etwas Besonderes ist, dass ich das erleben darf."

Vielen sei ihr Glück nicht bewusst, und es fehle daher an Dankbarkeit, aber auch an Visionen. „Die wissen gar nicht zu schätzen, was sie haben. Die sind so in ihrem Kreislauf drin, dass sie gar nicht in der Lage sind, neue Wege zu finden. Wenn ich etwas ändern will, dann bedeutet das Arbeit. Egal, ob ich etwas an mir ändern will, an meinem Leben ändern will oder an meinem Haus ändern will."

Für die Zukunft ihres Betriebs bedeute das daher, kleine und große Schritte zu setzen, etwa im Bereich der Energie oder im sparsameren Umgang mit Ressourcen. So reinige die neue Rückspülungsanlage das Wasser der Pools noch effizienter mit Sandgranulaten, wodurch weniger Wasser verbraucht würde. Nachhaltigkeit ist auch in der Gastronomie ein immer größeres Thema, und die Investition in „grüne Technologien" oder ein ausgeklügeltes Konzept zur Vermeidung von Lebensmittelverschwendung sind hier nur zwei Beispiele von vielen.

Mit jeder Innovation geht aber auch Unsicherheit einher: Werden die Gäste das Angebot annehmen? Derzeit steht in Serfaus wie in allen Gebieten, die bisher stark auf Skitourismus fokussiert waren, ein Paradigmenwechsel an. Während die Wintersaison auch in scheinbar schneesicheren Gegenden zunehmend problematisch wird, gewinnt die Sommersaison an Bedeutung. Doch sich hier neu auszurichten und stärker zu positionieren, ist keine leichte Aufgabe. Wer immer aufs Neue attraktiv sein will, muss auch etwas riskieren.

Die Heymichs haben riskiert: 680 Tonnen Sand haben sie den Berg herauftransportieren lassen, um auf ihrem Hotelgelände einen Beach-Club einzurichten, der mit 1.500 Quadratmeter Sandfläche, Pool, Palmen und riesigen Sonnenschirmen auf 1.500 Meter Höhe ein Gefühl von Meer und Exotik erzeugt. „Als wir das vor drei Jahren eröffnet haben, haben die Leute gesagt, seid ihr eigentlich wahnsinnig?" Mittlerweile hat sich gezeigt: Der Palmenstrand im Alpenland kommt an. „Die Leute wollen gerne beides. Die wollen die Berge, aber die wollen auch das Meer. Und ich kann zwar das Meer nicht bieten, aber ich kann so etwas wie Sandstrand bieten."

Ob ihre Töchter das Familienunternehmen einmal weiterführen sollen? Für Nicole Heymich ist klar: nicht um jeden Preis. Für sie steht das Glück ihrer Kinder im Vordergrund. Das sei im Tourismussektor durchaus zu finden. Aber hineinzwingen dürfe man niemanden. Schließlich lasse sich Erfolg nicht an Zahlen ablesen, sondern daran, ob man jeden Tag mit Freude zur Arbeit gehe und mit sich im Reinen sei. Und wer Nicole Heymich im Umgang mit Gästen und Personal beobachtet, weiß, dass auf sie beides zutrifft. Sie hat ihre Berufung gefunden.

★ ★ ★ ★
TYROLER HOF

Im Schatten der „Piefke-Saga"

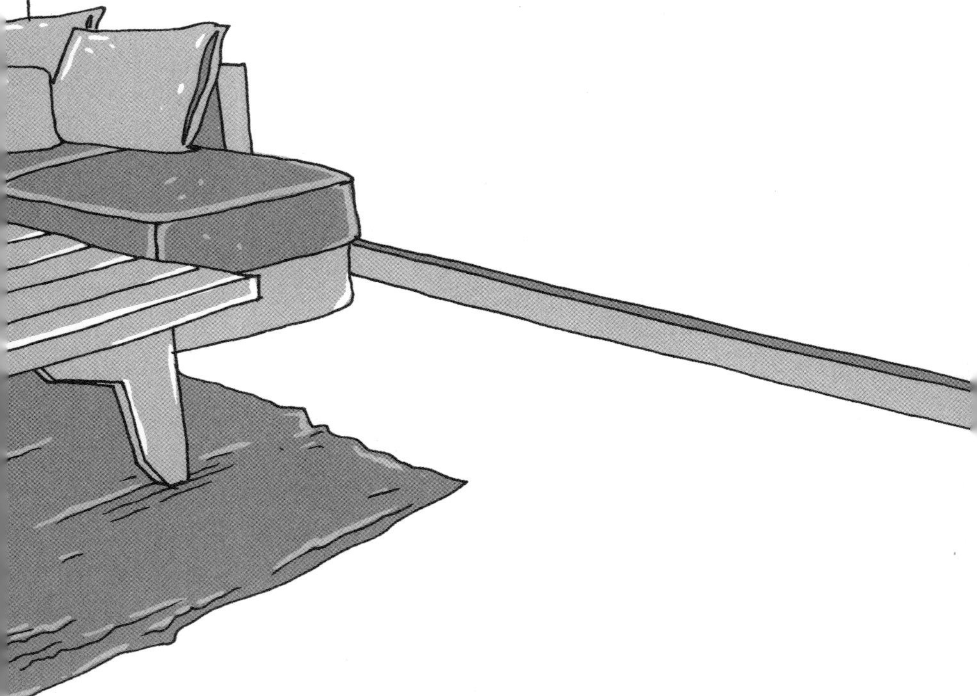

Der Tiroler hat eine Sorte von lächelndem humoristischen Servilismus, der fast eine ironische Färbung trägt, aber doch grundehrlich gemeint ist. Die Frauenzimmer in Tirol begrüßen dich so zuvorkommend freundlich, die Männer drücken dir so derb die Hand, und gebärden sich dabei so putzig herzlich, daß du fast glauben solltest, sie behandelten dich wie einen nahen Verwandten, wenigstens wie ihresgleichen; aber weit gefehlt, sie verlieren dabei nie aus dem Gedächtnis, daß sie nur gemeine Leute sind, und daß du ein vornehmer Herr bist, der es gewiß gern sieht, wenn gemeine Leute ohne Blödigkeit sich zu ihm herauflassen.

Heinrich Heine, Reisebilder, Kapitel XI

1

Wer braucht die Piefkes?
oder: Das Erbe einer Kultserie

Sie prägt bis heute unser Bild touristischer Exzesse in Tirol: Felix Mitterers „Piefke-Saga". Die vierteilige Fernsehserie, die ab 1990 im ORF ausgestrahlt wurde, lieferte unvergessliche Szenen und brachte mit bitterbösem Humor die schwierige Beziehung zwischen deutschen Gästen und Tiroler Gastgebern auf den Punkt. Das herrenhafte Auftreten, das Überlegenheitsdenken, die Dünnhäutigkeit und Rachsucht der bundesdeutschen „Sattmanns" einerseits und die kriecherisch-hinterfotzige Unterwürfigkeit, das bauernschlau verschleierte Profitdenken und die Natur, Landschaft, Einheimische und Gäste ausbeutende Rücksichtslosigkeit der Touristiker im fiktiven Ferienort Lahnenberg andererseits wirkten auf viele Zuschauer geradezu unheimlich vertraut. Die Filme zeigten in all ihrer Absurdität und Überspitztheit schonungslos die Brüche, Widersprüche und Konflikte einer zunehmend überhitzten Branche auf. Die archetypischen Charaktere – vom militärisch-zackigen Opa Sattmann samt Schäferhund bis zum sensenschwingend-knorrigen Bergbäuerlein, vom opportunistisch-speichelleckerischen Hotelier bis zum umweltschützerisch agitierenden Lehrer – haben sich tief ins kollektive Gedächtnis gegraben. Gleichzeitig bleiben die Figuren so holzschnittartig, dass man sich getrost von ihnen distanzieren kann, ohne sich mitgemeint fühlen zu müssen. Dabei weist die „Piefke-Saga" neben markigen Sprüchen und oft fast schon groteskem Slapstick gerade in ihren ruhigeren Momenten durchaus anrührende Szenen auf, wenn etwa die „männliche Nutte" Joe (die Paraderolle des jungen Tobias Moretti) einfach nicht mehr kann und im Arm von Frau Sattmann mütterlichen Trost findet oder die konstant angetrunkene Gastwirtin Christl Wechselberger offenbart, dass sie drei Abtreibungen hinter sich hat, weil die Geburtstermine während der Hochsaison gewesen wären. Der Tourismus, der wortwörtlich seine eigenen Kinder frisst, als tödliches Gift für Natur und Gesellschaft – kein Wunder, dass die „Piefke-Saga" bei den einen zum Kult wurde, während andere in ihr bis heute ein rufschädigendes Ärgernis sehen; dass die „Piefkes" zudem, anders als der Titel vermuten ließe, noch bei Weitem besser wegkommen als die Tiroler Einheimischen, tut ein Übriges.

Wer die Filme aus der zeitlichen Distanz betrachtet, blickt auf ein historisches Dokument, das aus heutiger Sicht geradezu idyllisch anmutet. Was damals als kaum noch erträglich wahrgenommen wurde, wirkt auf den modernen Betrachter relativ harmlos oder gar regelrecht nostalgisch: ungeteerte Bergstraßen, kleine Sessellifte, vergleichsweise mittelgroße Hotels und Berghütten – die Verbauungswut und das industrielle Ausmaß späterer Jahre scheinen hier noch in weiter Ferne. Wie sehr sich die Entwicklung seit damals beschleunigt hat, um wie viel intensiver die Beanspruchung und Ausbeutung der natürlichen und landschaftlichen Ressourcen geworden sind, um wie viel größer und effizienter Hotelanlagen, Restaurationsbetriebe oder Seilbahnen, merken wir erst im direkten Vergleich, den „schockierend" zu nennen sich zwar aufdrängt – aber wirklich „schockiert" ist niemand, zumindest niemand von den direkt Involvierten. Hier kommt die Anpassungsfähigkeit unserer Sehgewohnheit zum Ausdruck, die ich im Kapitel „Der gastronomische Blick" geschildert habe.

Die Tragik der „Piefke-Saga" liegt wohl darin, dass die Momentaufnahme, die sie abbildet, längst doppelt und dreifach übertrumpft und überboten wurde. Schon nur eine Rückkehr zum damaligen Zustand ist völlig undenkbar. Und doch hält sich in den Köpfen das Bild der Sattmanns und Wechselbergers, des Wettlaufs um die Silberne Wandernadel am Band und der harten Bergbauernarbeit als Inbegriff Tirols und seiner touristischen Realität. Dabei gibt es längst anderes zu erzählen, sind die transformativen Kräfte des Tourismus längst Teil der alpinen DNA geworden. Die Frage lautet denn auch nicht mehr „Wer braucht die Piefkes?" – denn der Gast selbst ist austauschbar. Der Tourismus ist es nicht. Sein Anteil an unserer Identität ist so groß – und zwar weniger seiner ökonomischen als seiner kulturellen Bedeutung wegen –, dass er geradezu alternativlos zu sein scheint.

Wir können über die „Piefke-Saga" lachen oder den Kopf schütteln, wir können uns einig sein, dass wir den darin geschilderten touristischen Wahnsinn ablehnen. Das Fazit jedoch lautet nie, dass der Tourismus an sich zurückgebaut oder gar eingestellt werden soll. Anders – ja, anders darf er sein, weniger verlogen und ausbeuterisch beispielsweise, als wenn Lüge und Ausbeutung nicht unumstößlich in die Fundamente der Tourismuswirtschaft eingegossen wären. Denn ob der Gast nun aus Deutschland, den Niederlanden, aus Großbritannien, Russland, China oder Saudi-Arabien kommt – man sieht ihn gern und zugleich ungern. Man spielt ihm etwas vor, notgedrungen, das ewig gleiche Stück der Urlaubsfreude, in dem Gastgeberinnen, Kellner, Skilehrerinnen und Kinderanimateure mit ewig gleichen Floskeln über das Wanderwetter sprechen, den Wein anpreisen, zum Mitmachen motivieren, Lob aussprechen. Ohne emotionale Selbstausbeutung ist das nicht zu haben, und zur Ausbeutung der eigenen Geduld, Toleranz und guten Laune kommen das Bereitstellen und damit die Preisgabe der schönsten Fleckchen Landschaft, das Inszenieren der Natur für den zahlenden Konsumenten.

Das führt mitunter zu einem inneren Widerwillen, zu einem Missbehagen, zu einer Frustration, die auf den Touristen abgewälzt werden. Man macht ihn, oder genauer, seine Gier, seine Unverschämtheit, sein Sich-Breitmachen für die Misere verantwortlich. Wenn in der Hochsaison die öffentlichen Verkehrsmittel überlastet sind, die Restaurants überfüllt, die Almwege verstopft, gehen die Verwünschungen gegen jene, die in den Verkehrsmitteln und Restaurants sitzen oder auf den Almwegen im Gänsemarsch zum Hüttenwirt traben, aber nicht gegen jene, die sie herbeigelockt und dann ihrem Schicksal überlassen haben.

Die „Piefke-Saga" unserer Zeit kommt ohne „Piefkes" aus; für die Schildbürgerstreiche der Einheimischen ist der Gast nur ein Vorwand. Die immer dramatischeren und längst unumkehrbaren Eingriffe in die Landschaft finden zwar nominell zum Wohle der Touristen, in Wahrheit aber zur Ertragssteigerung der Tourismuswirtschaft statt. Der Tourist ist hier letztlich ein willkommener Sündenbock, hinter dem man die eigene Gier, Gleichgültigkeit und Feigheit gut verstecken kann. „Ich würd's ja anders wollen, aber die Chinesen brauchen nun mal mindestens ein Mega-Feuerwerk im Urlaub, sonst gehen sie woanders hin."

Nicht zuletzt der Autor Felix Mitterer selbst hat diesem Umstand schon wiederholt Rechnung getragen: Lange wurde von einem fünften Teil unter dem Titel „Russen-Saga" gemunkelt, der jedoch letztlich nie zustande kam. Im Lichte der jüngsten Ereignisse um den Skiort Ischgl und dessen unrühmliche Rolle in der Corona-Pandemie hat Mitterer nun erneut eine Fortsetzung seiner Erfolgsserie angekündigt. Stoff dafür gibt es allemal genug.

2

Wo deutsche Eichen stehen oder: Der Tourismus als Retter des „Deutschtums" in Südtirol

Nach dem Zweiten Weltkrieg stand es schlecht um das Deutsche. Die Sprache war als Sprache der Nationalsozialisten stigmatisiert, viele Begriffe waren durch politischen Missbrauch befleckt oder unmöglich geworden, darunter „Volk", „Vaterland", „Stolz" und „Ehre". Die Kriegsverlierer sahen sich nicht nur mit der Schmach der Niederlage konfrontiert, sondern auch mit dem Erbe unaussprechlicher Verbrechen, die von nun an untrennbar mit dem Deutschen verbunden bleiben würden. Der Traum von der arischen Herrenrasse endete in nicht wiedergutzumachender Schande. Das Gefühl der Scham und der Erniedrigung wurde durch die Umerziehungsmaßnahmen der amerikanischen Reeducation nur bestärkt. Bis zum heutigen Tag wird der Klang der deutschen Sprache in der zackigen Intonation von Hitler-Reden persifliert. Es verwundert nicht, dass gerade in der Kunst und Literatur ein Kahlschlag, ein völliger Neuanfang angestrebt und alles, was auch nur entfernt an die Zeit der nationalsozialistischen Herrschaft erinnerte, totgeschwiegen wurde. Doch längst nicht alle waren mit der Abkehr von deutschen Traditionen und überliefertem „Volksgut" (noch so ein problematischer Begriff) einverstanden, viele haderten mit der aufgebürdeten Kollektivschuld und litten unter der feindseligen Stimmung des Generalverdachts, mit dem sich viele Deutsche konfrontiert sahen. Deutschland war zweigeteilt, Österreich zurechtgestutzt, die Schweiz lag ohnehin in einer unausgesprochenen Fehde mit dem „großen Kanton", an den westlichen Rändern des sich langsam formierenden „Ostblocks" wurden deutschsprechende Minderheiten vertrieben. Europa hatte vorerst genug von allem, was deutsch war. Ganz Europa? Nein. Es gab noch eine letzte Bastion, wo alles Deutsche nicht nur nicht verpönt, sondern geradezu idealisiert wurde: Südtirol.

In dieser einst zum habsburgischen Tirol zugehörenden nördlichsten Provinz Italiens kämpfte die Bevölkerung seit Ende des Ersten Weltkriegs um ihre Identität, die stark mit der deutschen Sprache verknüpft war – der ladinischsprachigen Minderheit geradezu zum Hohn. Nachdem sich in den Dreißigerjahren die Hoffnung auf eine „Heimholung" ins Deutsche Reich durch Adolf Hitler zerschlagen hatte und auch eine Angliederung an die Bundesrepublik Österreich nach dem Zweiten Weltkrieg verwehrt blieb, fürchteten viele Südtiroler, durch die zunehmende „Italianisierung" ihrer Kultur beraubt zu werden, die sie zwei Jahrzehnte lang unter anderem in illegalen Katakombenschulen gegen den Faschismus zu verteidigen versucht hatten. Der Kampf um das „Deutschtum", einen in Südtirol bis in die Gegenwart durchaus positiv besetzten Begriff, rief auch Verbündete von außen auf den Plan, die kulturelle Schützenhilfe – und zwar in doppeltem Sinne – leisteten. Österreich verstand sich als Schutzmacht der kleinen Provinz und finanzierte Bildungsprogramme, lieferte Schulbücher, förderte Kunst und Kultur – und in Südtiroler Haushalten konnte man den österreichischen Rundfunk empfangen. Die Dankbarkeit der Südtiroler für die großzügige Unterstützung des „Vaterlands", als das Österreich von vielen angesehen wurde, hielt sich freilich in Grenzen. ORF schön und gut, aber man wollte dann auch das deutsche Fernsehen empfangen. Und statt des österreichischen Wörterbuchs

wünschte man sich doch den deutschen Duden für die Schulen. Sehr rasch war es nämlich zu einer seltsamen Identifikation des Südtiroler Deutschtums mit dem Bundesdeutschen gekommen, oder anders gesagt: Der Blick ging nicht unbedingt nach Wien, sondern nach München, Köln, Hamburg, Berlin. Und vor allem in all jene Regionen, aus denen deutsche Urlauber herbeiströmten. Wenn sie nach Südtirol kamen, machten sie nicht einfach nur Ferien. Sie leisteten Entwicklungshilfe. Und die nahmen sie ernst, immerhin war hier ein deutsches Volk in Not – und das konnte man ohne Schamesröte und Anführungszeichen genau so sagen. In Südtirol hatte der Stolz auf das Deutschtum überlebt, hier hatte alles Deutsche noch einen guten, nein, den besten Klang, hier konnte man zusammensitzen und Heimatlieder singen wie weiland bei der Hitlerjugend, ohne ein schlechtes Gewissen zu haben. Es entstanden Partnerschaften zwischen Südtiroler und bundesdeutschen Gemeinden, die dem kulturellen Austausch ebenso dienten wie dem Tourismus. So brachten die Gäste nicht selten kofferweise regionale Spezialitäten, abgelegte Kleider und ausgemusterte Bücher mit. Noch meine Kindheit in den Achtzigerjahren war von Aachener Printen (unvergesslich, der Weihnachtsgeschmack im Sommer), zu großen T-Shirts in

Signalfarben und Kinder- und Jugendbüchern aus den Fünfzigerjahren geprägt, die etwas seltsam rochen und in mir die unverbrüchliche Liebe zum biederen Deutsch jener Zeit weckten. Doch die bundesdeutschen Gäste bekamen für ihre Großzügigkeit auch etwas zurück: In Südtirol konnten sie deutscher sein als in ihrer zumindest offiziell entnazifizierten Heimat. Niemand stieß sich an markigen Sprüchen oder ideologisch zweifelhaften Gedichten und Liedern. Hier konnte man sogar in einhelliger Übereinstimmung mit den Gastgebern bedauern, wie das mit dem Weltkrieg gelaufen war.

Natürlich wäre es überspitzt zu behaupten, alle deutschen Urlauber der Nachkriegszeit seien Nazis gewesen. Aber zweifellos waren es einige von ihnen. Das mag in den meisten Situationen auch überhaupt nicht ins Gewicht gefallen sein, etwa wenn man bei Speck und Schüttelbrot beisammensaß und die nächste Wanderroute plante. Es war manchmal vielleicht nur ein Unterton, eine Andeutung auf das Unrecht, das uns gemeinsam widerfahren war – und die gegenseitige Versicherung, dass es trotz allem und eigentlich jetzt erst recht in Ordnung war, stolz auf sein Deutschtum zu sein. Was war schon falsch daran? Und wofür sollten wir uns schämen? Hatte man uns nicht schon genug gedemütigt und schikaniert? Hier verschwamm die Südtiroler Erfahrung des italienischen Faschismus gefährlich mit der deutschen Erfahrung der Nazizeit.

Gewiss, weiter müssen Urlaubsgespräche nicht gehen, man gräbt mit seinen Kunden nicht politisch in die Tiefe, man könnte nur Unangenehmes finden, das die Geschäftsbeziehung trübt. Aber genau hierin bestand – wohl nicht nur in Südtirol – die Doppelbödigkeit der Beziehung zwischen Gästen und Gastgebern: Durch die Familiarität des touristischen Angebots und die oft strukturell bedingte fehlende Distanz entstand ein Gefühl der Vertrautheit. Manchmal gab es tatsächliche Freundschaften, die sich zwischen Gästen und Gastgebern und deren Kindern entwickelten, häufig blieb es aber vor allem von Gastgeberseite bei einer nicht ganz so herzlich gemeinten Freundlichkeit, die durchaus einem gewissen Kalkül folgte. Auch die über Jahrzehnte aufrechterhaltene Erzählung vom „Volk in Not" und der immer wieder betonte Opferstatus waren irgendwann zum größeren Teil Marketingstrategie als tatsächlich gelebte Realität. Dennoch (oder deshalb) fanden sich touristische Hochglanzbroschüren, die schmucke Hotels zeigten, und die Spendendose der „Stillen Hilfe", die Geld für „in Not geratene Angehörige der Deutschen Volksgruppe in Südtirol" (sic!) sammelte, lange Zeit noch Seite an Seite. Felix Mitterer bringt die Paradoxie in der „Piefke-Saga" auf den Punkt, wenn er den Vier-Sterne-Hotelier Franz Wechselberger ausrufen lässt: „Sollen unsere armen Bergbauernkinder verhungern?!"

In der heutigen Zeit kommt der Gast nicht mehr als Entwicklungshelfer, sondern tatsächlich als Tourist. Er bringt keine Geschenke mehr mit, die Familien sitzen nicht mehr auf der Terrasse zusammen und singen von den „deutschen Eichen" im Heimatland Tirol. Dieses Kapitel der Tourismusgeschichte ist geschlossen. Geblieben ist aber die kulturelle Verflechtung, die Anbindung an eine gemeinsame „deutsche" Vergangenheit und Tradition, die zumindest in Südtirol noch in vielen Köpfen verankert ist. Allerdings ist es nicht mehr eine als irgendwie gemeinsam imaginierte „großdeutsche" Vergangenheit, die Deutsche und Südtiroler verbindet, sondern die erwähnte Verbrüderung im „Deutschtum", dessen Bedeutung sich keineswegs in einem Hochhalten der deutschen Standardsprache erschöpft (die, das darf nicht vergessen werden, für die meisten Südtiroler die erste Fremdsprache ist). Aachener Printen, Am Brunnen vor dem Tore, Bummi und Fiete – auch in meiner persönlichen kulturellen Identität hat die touristische Aufbauarbeit der Nachkriegsjahre

Spuren hinterlassen. Hier erweist sich, dass Tourismus nicht nur ökonomischen Aufschwung bringt, sondern eine nicht zu unterschätzende kulturelle Transformationskraft besitzt. In Südtirol führte diese Transformationskraft einerseits zu einem Erstarken des „deutschen" Selbstbewusstseins – und andererseits, wie wir sehen werden, bis zu einem gewissen Grad zu einer Versöhnung mit der unfreiwilligen „Italianità" – ein Kunststück, das nur Gott Mammon zustande bringt.

3

Identitätssuche zwischen Vereinnahmung und Abgrenzung
oder: Sag mir, wer ich sein soll, und ich sag dir, wer ich bin

Die Suche nach der eigenen Identität erfolgt über zwei komplementäre Vorgänge, mit denen man sich zu anderen in Beziehung setzt, nämlich über Definition und Identifikation. Definition bezeichnet hierbei die Abgrenzung von anderen – das lateinische Wort finis bedeutet Grenze, de-finieren kann man mit „Grenzlinien ziehen" übersetzen. Mit der Definition unterscheidet man sich von anderen, hebt sich von ihnen ab. Konträr verhält es sich mit der Identifikation: Hier setzt man sich mit anderen gleich, erkennt sich in ihnen wieder, will so sein wie sie. Definition und Identifikation funktionieren also wie bei Magneten: Auf der einen Seite gibt es die Anziehungs-, aber auf der anderen Seite auch die Abstoßungskraft. Jeder Kontakt mit anderen ist daher auch ein Balanceakt zwischen diesen beiden Reaktionen. Sich voll und ganz im anderen erkennen oder aber nichts mit ihm zu tun haben wollen, sind hier die zwei Extrempositionen, die selten in Reinform auftreten. Bestärkt werden sie durch hierarchische Strukturen. Tendenziell neigt man dazu, sich mit Personen, die man als übergeordnet wahrnimmt, zu identifizieren und sich umgekehrt von Personen, die als untergeordnet angesehen werden, abzugrenzen. Allerdings gibt es sehr unterschiedliche Faktoren für die hierarchische Wahrnehmung und die daraus resultierende

Reaktion. Man kann sich etwa in materieller Hinsicht als untergeordnet, in intellektueller Hinsicht hingegen als überlegen wahrnehmen, was unter Umständen zu einer zur Schau getragenen Verachtung des Materiellen führen kann, oder aber man bewundert am anderen gewisse Aspekte, lehnt aber andere wiederum ab. Definition und Identifikation erfolgen daher selektiv und selten pauschal, und sie können auch stark fluktuieren. Im Tourismus ist es noch einmal besonders vertrackt. Das Rollenspiel zwischen Gast und Gastgeber setzt den Gast in eine gehobene Position, tatsächlich aber handelt es sich hierbei lediglich um eine zeitlich begrenzte, formelhafte und streng reglementierte Choreographie; so wenig wie der Gast tatsächlich König ist, ist die Kellnerin tatsächlich unterwürfig oder zur Unterwerfung verpflichtet. Das mag in der Vergangenheit anders empfunden und vielleicht bei manchen bis heute noch nicht als reines Spiel durchschaut worden sein, doch die sehr klar umrissenen Verhaltensmuster auf beiden Seiten ermöglichen im Wesentlichen ein reibungsloses gegenseitiges Abfertigen, das eine echte Auseinandersetzung mit dem Gegenüber überflüssig macht. Zugleich ist es im Interesse der Gastgeber, den Gast zu durchschauen und seine Bedürfnisse und vor allem seine zukünftigen Begehrlichkeiten vorwegzunehmen, um diesen quasi vorauseilend entgegenbauen zu können. So entstehen neue Wanderrouten und Seilbahnen, Wellnesszonen und Sportanlagen idealerweise, bevor die Touristen wissen, dass sie solche herbeiwünschen. Gerade im Bereich des Komforts der Urlaubsfreuden sind die Dinge dabei im ständigen Fluss. Hieß es vor einigen Jahrzehnten noch „Die Tiroler sind lustig, die Tiroler sind froh, sie verkaufen ihre Betten und schlafen auf Stroh", so hat sich der Trend umgekehrt: Seit das Schlafen im Heu als besonderes Erlebnis mit angeblich wohltuenden Begleiterscheinungen entdeckt wurde, sind es die Touristen, die auf Stroh schlafen. Beständig ist daher nur der ewige Wandel des Angebots, das immer neue Genüsse und Erlebnisse verspricht, manchmal lediglich durch das Umetiketieren alter Inhalte mit neuen Worthülsen, oft aber tatsächlich durch die Bereitstellung neuer Produkte oder gar die Schaffung neuer Einrichtungen und Unterhaltungsangebote.

So entstanden über die Jahre Inszenierungen einer normierten „Tirolität", die fixer Bestandteil bunter „Heimatabende" wurden. Volkstanz, Schuachplattler und Jodelgruppe dienten sich so geschmeidig der touristischen Verwertung an, dass sie mit dieser geradezu ununterscheidbar verschmolzen. Zwar gibt es ernsthafte Bemühungen, gewisse Elemente der „Volkskultur" zu entstauben und in einem zeitgenössischen Gewand auch jenen zugänglich zu machen, denen Brauchtumskitsch und Vätererbe-Rhetorik ein Gräuel sind, doch wie bei vielen folkloristischen Traditionen droht ein Erstarren in festgefahrenen Formen oder die Pervertierung zu einem sinnentleerten Horrorspektakel aus Pyrotechnik, Kettenrasseln und dröhnenden Bässen, die am Beispiel der Krampusläufe zu beobachten ist. Am Ende steht ein beliebiger Vorwand für die Ansammlung von Menschenmassen zum Zwecke des Konsums unsinniger Mengen von Fleisch- und Wurstwaren und vor allem alkoholischer Getränke, der einzigen Konstante, die ernsthaft als Vätererbe bezeichnet werden könnte.

Der Tourist wird hier gegen seine Absicht zum Stichwortgeber, zur formenden und allzu oft auch verformenden Kraft: Exklusiv für ihn werden kunsthandwerkliche Gegenstände als angeblicher Ausdruck traditioneller Volkskultur erfunden, die er freudestrahlend als Souvenir mit nach Hause schleppen kann (als Inbegriff dafür sei der Wolpertinger genannt, ein Meisterstreich gewiefter Tierpräparatoren, die aus verschiedenen Kadaverresten ein Fabeltier mit Flügeln, Hörnern, Klauen erschufen und an leichtgläubige Urlauber verkauften), in seinem Namen werden Hotelkomplexe und ganze Dorfbilder inszeniert, mit ihm als Vorwand werden Infrastrukturen geschaffen und Umwelt und Landschaft gewaltsam transformiert. Jede Kritik an diesen Eingriffen wird auf die angebliche oder tatsächliche Einflussnahme des Touristen umgeleitet, der damit dieselbe Rolle einnimmt wie der Fernsehzuschauer, der bekanntlich am schlechten Programm schuld sein soll. Doch die (ver)formende Wirkung des Touristen endet nicht bei der Überbauung und Ausbeutung natürlicher Ressourcen, sie dringt auch tief in das kulturelle Erbgut der einheimischen Bevölkerung ein. Durch sie werden Entwicklungen beschleunigt oder überhaupt erst angestoßen, und so mancher Sprung über so manchen Schatten wäre ohne die Dressurpeitsche des Tourismus kaum vorstellbar.

In Südtirol etwa dürfte der Tourismus keinen unwesentlichen Anteil daran haben, dass sich ein Gutteil der Bevölkerung mit der bis heute ungeliebten Zugehörigkeit zum Staat Italien abgefunden und daraus sogar (nicht nur symbolisches) Kapital geschlagen hat. Sich als elegante Mischung zweier Welten zu präsentieren, erweist sich nach wie vor als gewinnträchtige Strategie. Italienische Lebensart, mediterranes Flair, lukullische Genüsse im Wechselspiel mit imposanten Berglandschaften, rustikaler Bodenständigkeit und traditionellen Werten, dazu die Gewissheit, allerorts eine mit charmanter Klobigkeit vorgetragene Zwei- oder Dreisprachigkeit vorzufinden, das waren durchaus Reize, von denen sich Gäste aus dem Norden ebenso wie aus dem Süden anlocken ließen. Der italienische Tourist als gern gesehener Gast, der sich auf der Almhütte die Canederli schmecken lässt und stapelweise Apfelstrudel vom Christkindlmarkt mit nach Hause schleppt, war für viele Südtiroler Gastwirte eine relativ späte Entdeckung. Auf einer geschäftlichen Ebene konnte man so dem Anderen begegnen, gegen das man sich sonst kulturell so scharf abzugrenzen hatte, um die Unversehrtheit der Südtiroler Tum-heiten (Deutschtum, Volkstum und Brauchtum) nicht zu gefährden.

Der Standortvorteil zwischen Nord und Süd erforderte allerdings auch die Bereitschaft, sich anzupassen und die eigene „Italianità" zumindest so weit zu akzeptieren, wie es verkaufsfördernd war – dass „wir" den cremigeren Cappuccino und die originalere Pizza servieren als die Österreicher oder – Gott bewahre! – die Schweizer, sollte ja wohl klar sein! Hier geschieht das Wunder einer freiwilligen „Italianisierung", wenn auch nur in kulinarisch-gastronomischer Hinsicht – und das in einer Region, in der das Wort „Italianisierung" normalerweise schlimmste „volkstumspolitische" Befürchtungen evoziert und alarmierte „Deutschtums"-Politiker auf den Plan ruft. Immerhin: Der Kaffee hat Gnade gefunden und die Pastaschutta auch, heute vornehm als hausgemachte Tagliolini Cacio e Pepe für 16 Euro in der Vorspeisenvariante angeboten. Wenn schon Italianitá, dann muss sie sich auszahlen. Und so gilt in nahezu allen Bereichen: Was dem Tourismus nützt, darf bleiben. Das gilt für Natur- und Kulturdenkmäler ebenso wie für das Sushi-Restaurant oder die Shisha-Bar.

Im Gewirr der touristisch angepassten Gegebenheiten wird freilich die Identitätssuche mit ihrem Wechselspiel zwischen Identifikation und Definition zum geradezu halsbrecherischen Drahtseilakt. Wo alles zur Bühne wird, gibt es nur Spieler. Die Fülle der Rollenangebote überfordert uns. Macht mich das Tragen eines

Dirndls schon zur Komplizin einer touristischen Kitsch-Inszenierung? Oder kann ich es frei von solchen Konnotationen als ehrlichen Ausdruck meiner Zugehörigkeit zur Schau stellen? Denn die Zur-Schau-Stellung an sich steht außer Frage. Selbst wer nichts anderes sein will als nur ein zufälliger Passant, ein Alltagsmensch, gerät unter dem touristischen Blick zum Alltagsmensch-Darsteller. Auch die bewusste Abwendung von Tracht und Folklore, die Abgrenzung in Kleidung und Auftreten, die Identifikation mit anderen, globalisierteren Erscheinunsformen zwingt letztendlich zur Auseinandersetzung mit realen oder erfundenen Traditionen. Auch wer nicht mitschunkelt, setzt sich in Beziehung. Allerdings ist mitzuschunkeln deutlich einfacher, als sich an den regionalen Selbstmystifizierungen einer behaupteten Volksidentität abzuarbeiten und ständig zu hinterfragen, ob so etwas wie „wahre" Authentizität überhaupt möglich ist, wo „Authentizität" unablässig touristisch nachjustiert wird. So ist der „echte Tiroler" über die Jahrzehnte vom leicht müffelnden Wirtshauskartenspieler und Spiegeltrinker im blauen Schurz schleichend zum Wein-Connaisseur im feinen Zwirn aufgestiegen, auf dem Speckbrettl liegen vegane Antipasti und der Traktor ist dem SUV gewichen. Nur die Kas-Spatzln sind immer noch der fetttriefende Magentod wie eh und je.

Aber wo findet man angesichts dieses Spiegelkabinetts der fluktuierenden Bilder und Gegenbilder die Vorbilder für eine Identifikation, die der Zeit standhält? Wo zieht man die Linien, um das Eigene einzugrenzen, das noch nicht vom Zugriff der allumfassenden touristischen Inszenierung vereinnahmt wurde? Mit anderen Worten: Was bedeutet es, in einer Region, die nach immer wechselnden touristischen Geschmäckern zurechtgestutzt und uminterpretiert wird, einheimisch zu sein?

Ein Teil der Antwort erzählt vom ungleichen Wettrennen zwischen Hase und Igel.

4

Raus aus der Touristenfalle!
oder: Der (Alb)Traum vom Leben,
wo andere Urlaub machen

Es war einmal ein Hase, der sich wendig und flink durch sein Revier bewegte.

Da begegnete er einem Igel, der behäbig und gemütlich unterwegs war.

„Wohin des Wegs?", fragte der Hase.

„Zum Froschteich", sagte der Igel.

„Dorthin hopple ich auch gerade, das ist ein herrliches Plätzchen zum Entspannen."

„Dann werden wir uns dort treffen", sagte der Igel.

„Das glaube ich kaum; du bist langsam und kennst die Abkürzungen nicht. Bis du den Teich erreichst, bin ich längst schon auf dem Nachhauseweg", lachte der Hase.

„Wir werden sehen", sagte der Igel, und seine schwarzen Äuglein funkelten.

Der Hase sauste los und ließ den Igel stehen. Er schlug ein paar Haken und war kurz darauf am Froschteich. Doch siehe: Der Igel war schon da.

„Das ist nicht möglich", stammelte der Hase.

Der Igel beachtete ihn nicht weiter und räkelte sich genüsslich in der Sonne.

„Na gut", sagte der Hase, „dann hüpfe ich eben auf einen Sprung auf die Kuhglocken-Alm, da ist es auch sehr schön."

Doch als der Hase die Alm erreichte, saß dort der Igel auf einem Stein und biss gerade in einen Apfel. Dem Hasen wurde schwindlig. Aber er hatte noch eine letzte Idee. „Der kleine Bach am Waldrand ist ein echter Geheimtipp, dort findet der Igel gewiss nicht hin."

Und er rannte los. Als er aber völlig entkräftet am Bach ankam, war der Igel schon da und breitete sein Handtuch aus. Erstaunt und enttäuscht schlich der Hase nach Hause. Doch als er dort ankam, sah er, dass das Haus nebenan umgebaut wurde. Der Besitzer des Hauses, der Fuchs, stand zufrieden davor. Der Hase näherte sich ihm neugierig.

„Was wird das?", fragte er, „Ziehst du etwa um, Fuchs?"

Der Fuchs lachte: „Nein, nein. Ich baue nur ein paar Ferienwohnungen. Für Igel."

Der öffentliche Raum gehört allen, und damit im Zweifelsfall denen, die ihn zuerst für sich beanspruchen. Als „Eingeborener" einer Region mag man sich ein gewisses Vorrecht auf die Nutzung seines „Reviers" einreden, faktisch steht man jedoch am Ende genauso in der langen Schlange vor dem begehrten Selfie-Spot wie alle anderen; und wenn am Badesee alle Plätzchen belegt sind, bleibt einem nichts übrig, als zähneknirschend umzukehren.

In gewissen touristisch stark genutzten Gebieten kommt es zu einem regelrechten Verdrängungswettbewerb. Immer früher muss man losfahren, wenn man das Naturerlebnis für sich allein haben möchte, immer kürzer sind die Momente des ungestörten Genusses, immer gedrängter stehen Tische und Bänke auf den Aussichtsterrassen der Bergrestaurants. Der anderen, die dasselbe genießen möchten wie wir, sind zu viele.

Zwar wissen wir: „sharing is caring", doch das Versprechen der Sharing Economy hatten wir uns anders vorgestellt. Entgegen dem weit verbreiteten Satz, wonach das Glück größer wird,

wenn man es teilt, zeigt sich nur zu schmerzlich, dass geteiltes Glück irgendwann in doppelte Frustration mündet. Als „Gastgeber wider Willen" muss sich der Einheimische damit abfinden, dass der anschwellende Touristenstrom, der sich in einen begrenzten öffentlichen Raum ergießt, nicht anders kann, als alles hinwegzufegen, was sich ihm entgegenstellt.

So ist es bei genauer Betrachtung nicht der Tourist, der in der Touristenfalle sitzt, sondern der Einheimische. Sofern er nicht selbst über ausgedehnte Ländereien verfügt, auf denen er gediegen lustwandeln kann, bleibt ihm für seine Freizeit, seine Erholung, seinen Naturgenuss nur der allen gleichermaßen zustehende öffentliche Raum. Dort aber gibt es kein Entrinnen. Die Schönheiten seiner Heimat sind, wo nicht schon privatisiert, Benutzeroberfläche für touristische Phantasien und Inszenierungen. Wo aber Promenaden und Wanderwege, Plätze und Wiesen zur Bühne werden, wird jeder, der in diese Kulissen eintritt, unwillkürlich zum Akteur, in diesem Fall zum Einheimischen-Darsteller, dessen Darbietung vom Publikum kritisch betrachtet wird. Der Wunsch, sich dieser schlecht geskripteten Reality-Soap zu entziehen, ist verständlich, jedoch schwer erfüllbar. Aber ist es nicht auch ein Vorzug, dort leben zu dürfen, wo andere Urlaub machen? Profitiert man nicht auch von all der Lieblichkeit, den bunten Blumenbeeten, den künstlerisch wertvollen Kunststoff-Skulpturen in Wald und Flur, den vielfältigen Angeboten von Maronitüte bis Frozen Yogurt, den aufmarschierenden Musikkapellen, den Trachtenumzügen, den vielfältigen kulturellen Veranstaltungen und sportlichen Events, die keine Wünsche offenlassen? Müsste man nicht auch einfach mal dankbar sein? Dergleichen bekommt man – oft in etwas verschnupftem Ton – zu hören, wenn man die allzu touristischen Überstülpungen anprangert, mit denen Berg und Tal verschan..., oder eben: verschönert werden. In der Tat eröffnen sich dem Ortsansässigen viele Möglichkeiten, die jedoch an mehreren Punkten kranken: Erstens ist vieles, womit der öffentliche Raum beschallt, bebaut oder sonstwie in Beschlag genommen wird, nicht nur eine Frage des Geschmacks, sondern oft auch geradezu aufdringlich und/oder die Bewegungsfreiheit behindernd. Zweitens sind oft gerade besonders attraktive Angebote auch für die Einheimischen nur gegen Bezahlung zugänglich. Und drittens haben Einheimische andere Wünsche und Bedürfnisse als Kurzurlauber. Aber wenn es um Themen und Anliegen geht, die tatsächlich nur die lokale Bevölkerung betreffen, ist ein touristischer Schwerpunkt oft nicht nur nicht hilfreich, sondern geradezu hinderlich. Kein Wunder, dass beispielsweise Anlaufstellen für Jugendliche oder andere soziale Einrichtungen an Randzonen gedrängt werden, in Gegenden, die durch Betonbunker, Verwahrlosung, Industrialisierung keinerlei touristisch nutzbare Attraktivität aufweisen. Hierher verfrachtet man denn auch mit Vorliebe Migranten, Flüchtlinge, Asylanten, die man im Nachhinein für den Niedergang der Zone verantwortlich machen kann.

Wo räumliches Ausweichen nahezu unmöglich ist, bleibt nur die Hoffnung auf zeitliche Verschiebungen. Wenn die grauen Tage kommen und trübnasses Novemberwetter aus saftigen Wiesen braune Matschlandschaften zaubert, bricht die Saison der Hiesigen an. Erst wenn alle wieder weg sind, sind wir wieder „unter uns". Dann gehört das alles wieder ganz mir, und ich kann es ohne Rücksicht beanspruchen. Die Busse sind leer, die Seen verwaist, und der Wanderweg reicht menschenleer bis zum Horizont. Dennoch – oder deshalb – ist die Ruhe zwischen den Saisonen bittersüß. Viele Restaurants, die gerade noch überlaufen waren, sind geschlossen, die Lifte stehen still, zum Baden ist es zu kalt – und der Weg zum Einkauf ist ein Spießrutenlauf zwischen den zahllosen Baustellen der Hotels, die sich für die

neue Saison rüsten. Trotzdem bietet die Tristesse der Zwischensaison zumindest jene dringend benötigte Verschnaufpause, die
denen fehlt, die dort leben, wo der Tourismus ganzjährig dominiert.

Kein Wunder, dass entnervte Bürger Slogans wie „Touri go
home" an die Wände malen oder Initiativen für Betten-Ober-
grenzen ins Leben rufen, was wiederum für Empörung und
Unverständnis bei den Hoteliers und Gastwirten sorgt. Die Un-
versöhnlichkeit der Positionen rührt auch daher, dass sich Einheimische zuweilen als Bürger zweiter Klasse fühlen, die sich
ohne Mitspracherecht den tatsächlichen oder behaupteten touristischen Notwendigkeiten und mithin ihrer eigenen Zwangs-
beglückung beugen müssen.

Allerdings gäbe es eine sehr einfache Lösung, die Touristen-
zuströme zum Versiegen zu bringen. Die Region müsste nur
deutlich unattraktiver werden. Mit dieser – freilich äußerst zyni-
schen – Strategie versucht man schon seit Jahren Migranten und
Flüchtlinge abzuschrecken, dabei würde sie für Touristen erst
recht funktionieren. Wo hässliche Monsterbauten die Aussicht
verderben, die Natur platt gewalzt wird und statt Urlaubsgenuss
stundenlange Wartezeiten und überfüllte Gondeln, Cafés oder
Skipisten winken, bleiben die Touristen früher oder später auch
ohne fremdenfeindliche Slogans und Obergrenzen aus. In dieser
Hinsicht muss man konstatieren, dass einige Touristiker, wenn
auch gegen ihre Absicht, selbst sehr aktiv an der Vergrämung ihrer Kunden arbeiten.

Freilich, in der kurzen Zeitspanne eines Ferienaufenthalts
fällt es nicht so ins Gewicht, wenn dörfliche Strukturen verschwinden oder Artenvielfalt und Naturlandschaft empfindlich
geschädigt werden. Darunter leiden die Einheimischen, die jahr-
ein, jahraus am selben Ort wohnen. Für jene, die sich nur an wenigen Tagen im Jahr vom Charme verschneiter Hänge oder dem

Anblick blühender Bergwiesen verzaubern lassen, bleiben die Tourismushochburgen ein Sehnsuchtsort. Derzeit erleben gerade die alpinen Gebiete einen Boom, der nicht einmal von der Corona-Pandemie gestoppt wurde – ganz im Gegenteil. Die atemberaubenden Bilder der Werbe-Experten, die eine archaische Landschaft voller Magie, verwunschener Orte und verborgener Schätze heraufbeschwören, haben weltweit Begehrlichkeiten geweckt. Die mythische Erzählung vom Bergparadies, unversehrt und menschenleer, ist so machtvoll, dass sie auch dann noch wirkt, wenn die Realität ein völlig anderes Bild zeichnet. Der Wunsch, sich sein eigenes Stück von diesem Paradies zu sichern, ist enorm. Seit Jahren steigen die Preise für Immobilien an den begehrtesten Orten ins Uferlose.

Doch im selben Maß, in dem der Ansturm der Kurzzeitbewohner zunimmt, sinkt die Attraktivität für die Langzeitbewohner. Das liegt neben den zunehmend surrealen Immobilienpreisen auch an den konstant steigenden Lebenskosten: Im Urlaub gibt man auch mal mehr für seinen Latte macchiato aus und die Pizza darf ein bisschen teurer sein als daheim – was aber, wenn man keine Alternative hat, weil man eben hier daheim ist? So kommt es zu einer gegenläufigen Bewegung: Während immer mehr Menschen sich für ein paar strahlende Tage im Winter und/oder Sommer den Traum von der heilen Bergwelt erfüllen und auch einiges kosten lassen, wandern (vor allem jüngere) Einheimische in andere, für sie noch erschwingliche Gebiete ab; sie können sich ihre eigene Heimat nicht mehr leisten. Zurück bleibt die ältere Generation. Hier zeichnet sich ein Problem ab, das in gewissen Regionen bereits besorgniserregende Ausmaße annimmt. Der Tourismus erweist sich erneut als gestaltende Macht – die von ihm verursachte Deformation dringt tief in die Sozialstrukturen vor Ort ein. Die Folgen sind anhaltend und manchmal irreversibel.

Fifty Shades of Alpine Living
oder: Von Zombies und Raufußhühnern

Wer als „Einheimischer auf Zeit" in die Berge kommt, bringt,
unter anderem befeuert durch zahllose Hochglanzmagazine, die
sich dem biedermeierlichen Traum von der Landidylle verschrieben haben, ein sehr genaues Bild davon mit, wie alpine Lebensart auszusehen hat: Hirschgeweihe an den Wänden, Möbel und
Dekoration aus Altholz, Schaf-Felle auf Sesseln und Stühlen,
handgewebte Wolldecken, Natursteinmauern, rustikale Kamine,
in denen ein munteres Feuerlein flackert, und bodentiefe Fens-
terfronten mit freiem Blick auf das atemberaubende Bergpanora-
ma. Apartments, die das alles und mehr versprechen, werden für
Millionenbeträge angeboten, für die Kaufkraft des durch-
schnittlichen Bürgers längst außer Reichweite. Dabei handelt es
sich bei genauer Betrachtung auch hier um deformierte Wohn-
räume – ihre Praxistauglichkeit ist stark eingeschränkt. Eine
Familie mit Kindern, die ihren Alltag dauerhaft in diesem rusti-
kalen Bühnenbild bestreiten müsste, stieße wohl bald an ihre
Grenzen. Natürlich sind diese Räume aber auch gar nicht dafür
gemacht, tatsächlich längerfristig bewohnt zu werden. Sie dienen
als kuschelige (Modedeutsch: „hyggelige") Wohlfühlkojen und
erfüllen für eine sehr eng umschränkte Zeitspanne den Traum
vom „Alpine Living". Mehr müssen sie auch nicht können. Für
das Zubereiten einer heißen Tasse Tee ist die minimalistische
Andeutung einer Küche grade noch zu gebrauchen, und das Put-

zen und Waschen erledigen ohnehin andere. Wer das Paradies gebucht hat, erhebt den Anspruch auf makellose Schönheit, ungestörte Ruhe und luxuriösen Komfort und wähnt sich zugleich bei der Erfüllung dieser Anforderungen in den Fußstapfen der Ureinwohner dieses Paradieses, deren einfaches Leben von harter Arbeit und Bescheidenheit geprägt war. „Alpine Living" auf diesem Niveau ist jedoch vom tatsächlichen Leben in den Bergen so weit entfernt wie ein Plüschdino vom T-rex: Es gibt gewisse Ähnlichkeiten, aber im Zweifelsfall möchte man mit dem Original doch lieber nichts zu tun haben.

So überlagern sich an einem Ort verschiedene parallele Lebensräume: die komfortablen Hotelzimmer, Apartments und Chalets der Gäste, die Häuser und Wohnungen der Einheimischen und die meistens deutlich bescheideneren Unterkünfte des ausländischen Personals, wobei penibel darauf geachtet wird, dass die Sphären säuberlich getrennt bleiben. Wer wollte schon den schönen Traum vom rustikal-romantischen Bergler-Leben durch die Konfrontation mit der prosaischen Realität zunichtemachen?

Zwar gibt es durchaus politische Versuche, mit gesetzlichen Eingriffen der völligen Auflösung einer Ortschaft in touristische Herrlichkeit entgegenzuwirken. Doch umtriebige Immobilienfirmen finden immer wieder neue Winkelzüge, um letztlich ungehindert ihr wohnraumvernichtendes Geschäftsmodell fortzuführen (hierzu hat die österreichische Journalistin Nora Zoglauer für die ORF-Reportage-Reihe „Am Schauplatz" eine sehenswerte Sendung mit dem Titel „Betongold der Alpen" gestaltet). Durch die bereits geschilderte zunehmende finanzielle Bedrängnis, in die vor allem junge Einheimische geraten, die sich an ihrem Heimatort etwas aufbauen wollen, wird immer mehr (sowohl bebauter als auch unbebauter) Grund an ausländische Investoren verkauft. Aus einer Landschaft mit (vor allem familiär geführten) Hotels wird eine entseelte Ferienwabenlandschaft, in der sich kein Gebäude der touristischen Nutzung entzieht. Die Folge: Es entstehen touristische Geisterdörfer. Für wenige Wochen im Jahr sind sie belebte Zentren, ungleich verteilter Lebensraum für die Urlauber und das von und mit ihnen beschäftigte Heer von Dienstleistern. Wenn der letzte Tourist abreist, wird aufgeräumt – und der Ferienort erstarrt in gespenstischer Stille. So sind es nicht mehr nur einzelne Hotels, die für längere Zeit ungenutzt brachliegen, es ist das gesamte Gebiet, das zum untoten Wohnraumzombie mutiert ist, zum aus monströsen Bauprojekten zusammengestoppelten Ungeheuer, das mit dem Energiestoß der nächsten Skisaison zurück in ein kurzes, exzessives Leben findet.

Hier hat sich die touristische Realität völlig von der eigentlichen Lebenswirklichkeit der Bergbewohner entkoppelt – das Mit- und Nebeneinander unterschiedlichster Daseinsformen weicht einer nur noch dem Tourismus verschriebenen Dienstfertigkeit. Vom Pistenpräparator bis zur Wellness-Masseurin, von der Köchin bis zum Shuttlebus-Fahrer ist jede Arbeitskraft auf das Aufrechterhalten der touristischen Show ausgerichtet. Das „normale", gar das „einfache" Leben findet anderswo statt.

Was für viele wie ein unerträgliches Schreckensszenario klingt, lässt sich durchaus auch anders erzählen, nämlich als schmerzhafter, aber notwendiger Kompromiss zum Erhalt der einzigartigen Berglandschaft. Das hierfür verwendete Schlagwort lautet „vorne nützen, hinten schützen" und dient zur Rechtfertigung von Bettenaufstockung, Bauwut und Alpen-Ballermann. Es mag sich zunächst kontraintuitiv anhören, hat aber durchaus seine Logik, nämlich die folgende: Statt den Tourismus gleichmäßig auf verschiedene Orte zu verteilen und damit alle ein bisschen zu belasten, weist man Gebiete zur intensivstmöglichen Nutzung aus und gibt sie damit quasi dem Raubbau und der Zerstörung anheim, belässt aber im Gegenzug andere Landstriche im ur-

sprünglichen Zustand und schafft dort Schon- und Rückzugs-
räume für Mensch und Natur. So kann das Skigebiet getrost ein
steriler, künstlicher Vergnügungsraum sein – die verdrängte
Tier- und Pflanzenwelt bleibt fernab davon in ihrer Ursprünglichkeit erhalten. Tatsächlich hat sich längst erwiesen, dass sich
der Schutz von seltenen Pflanzen oder Tieren, wie etwa den
stark gefährdeten Raufußhühnern, nicht mit dem Winterspaß
von Tourengehern oder Skifahrern vereinbaren lässt. Insofern
erscheint es nur folgerichtig, auf eine halbgare Lösung zu verzichten und die beiden Sphären sauber zu trennen: Tourismus
hier, intakte Natur dort. Damit wäre die Transformation zum
Themenpark, zum „Alpen-Disneyland" vollzogen. Tickets demnächst in jedem Wintersportfachgeschäft erhältlich, der Begrü-
ßungspunsch ist inbegriffen.

Doch leider stehen dem Konzept der getrennten Sphären
zwei Dinge im Wege: Erstens haben die Betreiber von „Themenparks" im Gegensatz zu echten Einheimischen kein Interesse am
Erhalt von Natur und Landschaft – sie sind lediglich Investoren,
die möglichst viel Gewinn erwirtschaften und folglich die ihnen
zur Verfügung stehenden Ressourcen mit gnadenloser Effizienz
ausschlachten möchten. Und zweitens zeigt sich, dass Touristen,
wenn sie in die Natur fahren, tatsächlich auch Natur erleben
wollen. So wird das Konzept der menschenleeren Naturschutz-
zone scheibchenweise preisgegeben und wortwörtlich unterwan-
dert („ein paar Leute können wir doch ruhig hineinlassen") –
und sobald sich erst schreiende Kinder, gierige Pilzesammler und
spirituelle Bäume-Umarmer im Wald tummeln, ist es mit der
unberührten Natur sowieso vorbei und man kann gleich einen
Erlebnispfad, eine Sommerrodelbahn und ein makrobiotisches
Yoga-Zentrum hineinbauen.

Daher muss man konstatieren, dass der Slogan „vorne nützen – hinten schützen" nur im ersten Teil konsequent umgesetzt

wird. Während der rücksichtslose Ausverkauf von Natur und Landschaft rasant weitergeht, stockt es mit dem Einrichten echter Schutzgebiete. So schrumpft der gleich mehrfach durch Zersiedelung, Landwirtschaft und Tourismus in die Zange genommene Lebensraum für Wildtiere zusehends, bis uns nur noch mit einem Bedauern festzustellen bleibt, dass es hier bei uns einfach keinen Platz für sie gibt. Höchstens könnten wir im Rahmen eines noch zu erfindenden Wildlife-Sightseeing-Experience-Pakets idyllisch eingerichtete Gehege gestalten, um dem zahlenden Gast auf einem Waldwipfelweg besondere Höhepunkte zu bieten: der Luchs in der Baumkrone! das Eichhorn im Kobel! der Uhu im lautlosen Gleitflug! Alles perfekt getaktet und zum Entzücken der Besucher inszeniert. Doch eine solchermaßen gefügig gemachte Naturlandschaft wäre in etwa so authentisch und ursprünglich wie so manches überteuerte Luxusgemach, das unter der bescheidenen Etikette „Urlaub auf dem Bauernhof" angeboten wird, weil der weitläufige Park des Hotelgeländes über einen Ententeich verfügt.

Freilich wirkt die Vorstellung, gewisse Gebiete gänzlich gegen den menschlichen Zugriff abzuriegeln, utopisch. 1914 gelang es noch, den Schweizer Nationalpark als derartig streng geschütztes Gebiet auszuweisen. Spätere Versuche, den Park auszudehnen, scheiterten jedoch. Heute scheint der menschliche Vorstoß in Wälder und Bergeshöhen schon zu weit fortgeschritten, um hier noch Umkehrentwicklungen zu ermöglichen. Manche scheinen daraus die Schlussfolgerung zu ziehen, dass man den Teil mit dem „hinten schützen" also getrost auf andere Weltgegenden, die man sowieso schon immer als „hinten" empfunden hat, verschieben könne. Sollen die doch in Zentralafrika ihre Urwälder bewahren!

Glücklicherweise wächst jedoch bei vielen das Bewusstsein, dass wir drauf und dran sind, im Namen wirtschaftlicher Vorteile für wenige einen Schatz von immensem immateriellem Wert für alle zu vernichten. Bemerkenswerterweise war es vor allem die weltweite Corona-Pandemie, die dieses Bewusstsein gefördert hat: Viele haben im Frühjahr 2020 bei ihren ausgedehnten Lockdown-Spaziergängen in der touristenleeren Landschaft die Vögel singen hören wie nie zuvor, ein beglückendes Erlebnis von solch nachhaltiger Eindringlichkeit, dass es keiner anderen Argumente mehr bedarf.

Im Porträt

Dem Tourismus-Tiger die Zähne ziehen

Hans Heiss, Historiker und ehemaliger Abgeordneter im Südtiroler Landtag

Der wohl ungewöhnlichste Reisegast kam ganz am Anfang: Über die Weihnachtstage des Jahres 1551 beherbergte der Brixner Gastwirt Andrä Posch für zwei Wochen einen „indischen Elefanten", der als exotisches Mitbringsel des Habsburger Erzherzogs Maximilian, damals Regent von Spanien, zum Kaiserhof in Wien gesandt wurde. Seine Reise führte ihn zunächst von Valladolid im Nordwesten Spaniens nach Barcelona, wo er per Schiff Genua erreichte. Dort ging es zu Fuß weiter, das Etschtal hinauf und über die Alpen. Der Gewaltmarsch hatte durchaus propagandistische Zwecke und sorgte für viel Aufsehen. Die zweiwöchige Pause in Brixen kam für das strapazierte Tier gelegen, und Andrä Posch verewigte die Erinnerung daran durch die Umbenennung seines Gasthauses in „Hellephant".

Bis heute ist das nunmehrige Vier-Sterne-Hotel Elephant in Brixen, das sich seit 1773 in Familienbesitz befindet, ein lebendiges Stück Tourismusgeschichte.

Als ältestem Sohn wäre es Hans Heiss zugefallen, die Tradition fortzuführen – doch schon in seiner Jugend verfolgte er andere Interessen und widmete sich mit Begeisterung dem Studium der Literatur und der Geschichte. Seine Entscheidung, Letztere zu seinem Beruf zu machen, kränkte seinen Vater so sehr, dass er sich aus Gram zwei Tage ins Bett legte. Vielleicht versöhnte ihn aber später ein wenig, dass sein Sohn sich als über die Südtiroler Landesgrenzen hinaus renommierter Experte für Tourismusgeschichte profiliert und sich so der ehrwürdigen Familientradition wenigstens nicht völlig entfremdet hat. Hans Heiss selbst sagt dazu mit seinem charakteristischen Humor: „Ich bin natürlich durch meine Herkunft traumatisiert, aber das Studium und die Forschung haben einiges abgetragen."

Doch nicht nur seine persönliche Verwicklung habe ihn geprägt. „Tourismus ist immer ein interessantes Tätigkeits- und Forschungsfeld, weil er einerseits mit unserer Lebenswelt so sehr zusammenhängt, und zugleich ist er auch ein Wegbegleiter der Globalisierung. Am Tourismus kann man vieles ablesen, was weltweit geschieht. Er ist der stärkste Wachstumssektor insgesamt und eine Art Kontrastmittel, das globale Entwicklungen und Phänomene sichtbar macht."

Seit Jahrzehnten beobachtet Hans Heiss die Entwicklungen des Tourismus, vor allem in Südtirol, genau und spart auch nicht mit Kritik. Gleichzeitig aber versichert er, kein „Tourismus-Taliban" zu sein. „Ich plädiere durchaus für die Vorzüge des Tourismus, zugleich aber für eine Begrenzung und Einschränkung und eine entsprechende Politik." Dennoch oder gerade deshalb musste er sich immer wieder vor Anfeindungen wehren, die ihn als Defätisten und „Nestbeschmutzer" darstellten. Heiss trägt es mit Gleichmut. „Es gibt seit Jahrzehnten ein Bewusstsein dafür, dass der Tourismus über ein gewisses Maß hinaus nicht verträglich ist. Das ist eine Position, die durchaus ihre Fundierung und über lange Zeit entwickelte Begründung hat." Zudem seien die früheren Gesetzgeber gemessen an heutigen Vorstellungen selbst „Nestbeschmutzer" gewesen, weil auch sie sich für eine Obergrenze für den Tourismus in Südtirol ausgesprochen hätten – freilich mit wenig Durchschlagskraft. In Wirklichkeit öffneten maßgeschneiderte Raumordnungsgesetze und Verordnungen die Schleusen für eine nicht mehr eindämmbare touristische Flut, boten Schlupflöcher und Winkelzüge zu Steuervermeidung, Bettenaufstockung und Kubatur-Erweiterung.

Die Verstrickung von Tourismus und Politik, das merkt man im Gespräch, ist für Hans Heiss ein zentrales Thema, und vielleicht auch deswegen hat er 2003 den Schritt von der Beobachterposition

des Historikers hin zum engagierten Politiker auf der Oppositions-
bank im Südtiroler Landtag gewagt, wo er bis zu seinem Rückzug
aus der Politik 2018 tätig war.

Die Vorstellung, dass der Tourismus in Südtirol zu wichtig und all-
umfassend sei, um grundlegend reformiert oder gar gebändigt zu
werden, sei eine machtvolle Erzählung und stark ideologisch aufgeladen. „Er belebt den Einzelhandel, er belebt die Bauwirtschaft, er
belebt die Landwirtschaft, er sorgt für Infrastrukturen draußen auf
dem Lande und ist die Systemrelevanz schlechthin – das ist das
Selbstverständnis der Touristiker. Tatsächlich unterscheidet den Tourismus von anderen Sektoren, dass er in der Lage ist, ein System
auszubilden, dass er sich verbandlich äußert und dass er viele Zusammenhänge herstellt. Andere Sektoren, die von der wirtschaftlichen Bedeutung nicht kleiner sind, sind bei Weitem nicht in so einer
Vernetzung. Ein Unternehmen wie die Durst in Brixen hat 250 Millionen Umsatz und setzt mehr um als alle Tourismusbetriebe des Brixner Beckens, ist aber bei Weitem nicht so systemdeterminierend."

Das erzeuge die Wahrnehmung, der Tourismus sei unser Schicksal, aus dem es kein Entkommen gebe. „Der Tourismus schafft es,
diese Totalität vorzuspiegeln, was in vielerlei Hinsicht auch seine
Stärke ist. Wenn man die mediale Berichterstattung in diesem
Coronajahr durchforstet, so ist sicher weit mehr über den Tourismus, den Ausfall der Saison und die Bedrohung des gastgewerb-
lichen Sektors geschrieben worden als etwa über das Thema Schule oder das Thema Pflegekräfte. Da sieht man schon, welche
enorme Deutungsmacht der gesamte Sektor entwickelt hat."

Eine Wurzel dieser wahrgenommenen Systemrelevanz liegt dabei in der kulturellen Bedeutung, die dem Tourismus zukommt. „In
Südtirol ist der Tourismus bis heute eine erstrangige Identitätsstütze.
Das ist jenseits der Wertschöpfung seine zentrale, aber oft überse-
hene Funktion. Der Tourismus ist ein ständiger Spender von Aner-
kennung. Deswegen ist die Stärkung der eigenen Identität im Tou-

rismus auch ein großer Attraktionsfaktor. Du bist in einem Job, in dem du ständig gelobt wirst." Bei aller Bekräftigung der eigenen – wenn auch touristisch inszenierten – Identität habe der Tourismus aber auch eine gewisse kulturelle Verformung vorangetrieben, beginnend beim sprachlichen Ausdruck. Lange hätten die Südtiroler versucht, möglichst „bundesdeutsch" zu sprechen, was sie von den Tirolern nördlich des Brenners unterschieden habe. Und auch bei der Öffnung des Lebensstils habe man die deutschen Gäste durchaus als Treiber benutzt. „Es war in dieser Hinsicht eine interessante Übernahme durch die katholisch-konservative Bevölkerung der Talschaften, die den Kontakt mit den Gästen als Möglichkeit erachtete, eine gewisse Liberalisierung voranzutreiben." In den letzten Jahren allerdings werde vermehrt das eigene Selbstbewusstsein gepflegt und es sei eine stärkere Abgrenzung spürbar. Damit einhergehend sei es zu einer deutlichen De-Ethnisierung des Tourismus in Südtirol gekommen, durch die nun auch italienischsprachige Gäste eine höhere Akzeptanz fänden. Die Beziehungen zu den Urlaubern hätten sich insgesamt versachlicht und seien austauschbar geworden. Das habe natürlich auch mit den veränderten Reisegewohnheiten der Touristen zu tun. Stammgäste, die für mehrere Wochen auf Urlaub kommen und ein geradezu familiäres Verhältnis zu ihren Gastgebern aufbauen, gehörten endgültig der Vergangenheit an. Visionen eines entschleunigten Tourismus, der an diese Traditionen anknüpft, hält Heiss deshalb nicht für realistisch. „Das Gästeverhalten von früher ist nicht mehr reproduzierbar. Die Gäste teilen ihre Aufmerksamkeit zwischen vielen Reisezielen; sie machen ein Städtewochenende, sie fahren auch gerne an den See oder in die Berge, sie fahren in den Wellnessurlaub und müssen schauen, das alles in den kümmerlichen vier Jahreswochen unterzubringen. Eine gewisse Grundhektik ist nicht vermeidbar. Das ist der Versuch, den Tourismus in eine vorgetäuschte schöne Sommerfrischwelt zurückzuzähmen, die es in dieser Form nie gegeben hat. Man kann den Tourismus auf diese

Weise nicht besänftigen. Man kann ihm wohl ein paar Zähne ziehen, aber nicht allzu viele. Immer, wenn der Tourismus wächst, steht er am Übergang von der Hauskatze zum Tiger. Man muss ihn zum Zustand der Hauskatze zurückführen, und das bedeutet leider Gottes knallharte Wachstumsbeschränkungen und nicht den homöopathischen Versuch, ihn zu einem Bettvorleger zu domestizieren."

Aus demselben Grund glaubt Heiss auch nicht daran, dass eine bessere Verteilung oder „Umleitung" der Touristen auf weniger besuchte Regionen eine taugliche Lösung darstellt. Ganz im Gegenteil: „Die Rede von der ‚Entzerrung' und Ausdehnung auf das ganze Land ist der Versuch, über die Hotspots hinaus noch Brückenköpfe zu schaffen. Man sagt sich, jetzt haben wir das auch erschlossen, dann können wir auch ein bisschen weitergehen, und dann gehen wir noch ein bisschen weiter und machen noch ein bisschen mehr ... Am Ende entsteht eine umfassende Erschließungssituation. In den Hotspots wird es deswegen nicht weniger, die werden gleichermaßen aufgesucht. Die Rede von der Entzerrung zielt letztlich nur auf mehr Erschließung ab. Aus meiner Sicht braucht es eine entschiedene Haltung, die sagt: ‚Gewisse Gemeinden wollen wir in Ruhe lassen. Es soll dort eine Entwicklung stattfinden – aber diese sollte sich nicht überwiegend auf Tourismus ausrichten.' Villnöß ist aus meiner Sicht so eine denkbare Option, wo das ganz gut funktioniert. Da sieht man auch, dass es gehen kann, dass die Leute trotzdem überleben. Aber wenn man sagt, wir müssen alles ein bisschen verteilen, dann sind alle ein bisschen entlastet, dann ist das nur die Vorstufe für ein weiteres intensiveres Wachstum in der Zukunft, das mit Sicherheit eintritt."

Also weg von der Masse hin zu mehr Klasse? Und doch versuchen, die Uhren ein bisschen zurückzudrehen und vom Tourismus der Vergangenheit zu lernen?

„Welcher Tourismus welcher Vergangenheit, das ist die Frage. Wollen wir einen Elitentourismus wie im 19. Jahrhundert? Das wäre offenbar das Ziel vieler Südtiroler Touristiker, dass sie sagen, wir möchten eine aristokratische Hochfinanz-Klientel, die viel Geld hat. Dann ist es auch egal, wenn weniger Gäste kommen. Sozusagen haben wir dann die Aristokraten des 19. Jahrhunderts in Form vom gehobenen Mittelstand aufwärts bis zum Katari-Scheich, der sich schnell einfliegen lässt, ein paar Tausend Dollar ausstreut und wieder weg ist. Oder man versucht, das Bildungsbürgertum ins Land zu locken, ein sogenanntes ‚Lohas'-Publikum [Lohas steht für Lifestyle Of Health And Sustainability, Anm. d. Autorin], das biologisch aufgeklärt CO_2-frei ins Land reist. Das scheint mir ein sehr schwieriges Thema zu sein, denn dann müssten die Touristiker selbst dieses Modell vorleben, und das tun sie nicht unbedingt. Südtirol ist ein Land, das touristisch durch seine besondere Qualität, durch die Vielfalt seiner Landschaft, durch Biodiversität, durch kulturelle Vielfalt geprägt ist, und daher ist es denkbar, dass man diese Werte dadurch zu erhalten versucht, indem man auf eine bestimmte Klientel abzielt und alles radikal beschränkt. Das wäre die eigentliche Rückkehr zur Vergangenheit, wenn man zu manchen qualitativen Werten der Vergangenheit zurückkäme."

Mit der vielbeschworenen „Demokratisierung" des Tourismus ist der Zuschnitt auf ein gehobenes Publikum freilich nicht vereinbar – aber diesem Schlagwort kann Heiss ohnehin nicht viel abgewinnen. „Demokratisierung ist mit der Externalisierung der Kosten verbunden worden. Es findet ja keine wirkliche Demokratisierung statt. Mit den Billig-Destinationen wachsen auch die Destinationen für eine wohlhabende, reiche, schwerreiche, superreiche Upperclass, in denen der demokratisierte Tourismus nichts zu suchen hat. In Südtirol wird zunehmend darauf geachtet, dass man Resorts und Hotels in der Fünf-Sterne-Kategorie baut, wo man für die Übernachtung 300 bis 500 Euro nehmen kann. Damit entstehen Nischen für die reichere Upperclass. In dieser Hinsicht hat sich der Tourismus aufgespreizt in ein demokratisches Segment, das mit hohen externalisierten

Kosten verbunden ist, und ein feudalisiertes, hyperkapitalisiertes Segment, in dem die Preise nach oben offen sind. Insofern ist die Rede von der Demokratisierung eine zwiespältige. Kostenwahrheit im Tourismus wäre wirklich ein Grundgebot, das man auch in Südtirol einführen müsste. Man müsste ausrechnen, was wirklich an externalisierten Kosten für die Einheimischen, für die Umwelt, für die Natur entsteht, die im Preis für die Übernachtung nicht aufscheinen."

Und es gibt noch einen weiteren Preis, den man für den touristischen Erfolg bezahlen muss: „In Gröden ist es wirklich ein Hauptproblem, dass ein Großteil der Einheimischen, wenn sie nicht über Hauseigentum verfügen, nicht in der Lage sind, dort zu leben. Es gibt sicher auch fünfzehn bis zwanzig andere Gemeinden, wo das Thema ähnlich akut ist. Das ist ein Riesenproblem. Da muss man auch fragen, ob das in Südtirol mit dem sogenannten Brain-Drain zusammenhängt, dass so viele Leute, die begabt sind, ins Ausland gehen, weil sie, wenn sie nicht vom Vater- oder Mutterhaus Entsprechendes mitbekommen, keinen Fuß auf den Boden bekommen. Es ist ein stiller Verdrängungseffekt, der sich auch in Zukunft nicht mindern wird. Es geht ja nicht nur um den Bau von Hotels, der das Ganze verteuert, sondern mit der Sichtbarkeit von Regionen und Destinationen wie Südtirol wächst auch das globale und internationale Interesse, und der enorm hohe Umlauf von Kapital, der sich in den letzten zehn, fünfzehn Jahren vervielfacht hat, sucht gierig nach Investitionsmöglichkeiten. Da sind schöne, touristisch aufbereitete Regionen ganz ideal. Durch den Tourismus ist Südtirol auf dem Schirm vieler großer Investoren sichtbar geworden, die sich dann hier niederlassen wollen und ein Hotel auf der Seiser Alm kaufen oder sich ein paar Wohnungen unter den Nagel reißen, die 10.000 bis 12.000 Euro pro Quadratmeter kosten. Das freut die Immobiliar-Agenturen, aber das ist ein katastrophaler Kollateraleffekt des Tourismus."

Ob die Corona-Krise die vielbeschworene Wende einläuten wird? Hans Heiss ist skeptisch. „Eine Veränderung des Selbstbildes wird nicht stattfinden, davon bin ich überzeugt. Andererseits wird die wirtschaftliche Entwicklung flügellahm werden. Eine schnelle Erholung wird nicht eintreten. Der Südtiroler Tourismus ist insgesamt mit 3,3 Milliarden Euro bei den Banken verschuldet, und ich glaube nicht, dass das folgenlos bleiben wird. Da gibt es Parallelen zu den Achtzigerjahren, da gab es auch eine Riesen-Investitionsblase, die ab 1981 geplatzt ist. Die Folge war dann ein sehr gedämpftes Wachstum und eine andere Raumordnung. Vielleicht könnte man jetzt bei dieser Entwicklung wieder ansetzen."

Wird also am Ende alles gut? „Ich mache mir über die Entwicklung in Südtirol wenig Illusionen. Das Wachstum ist immer weitergegangen und der Tourismus ist tief in der regionalen Identität und im Selbstverständnis verwurzelt, sodass man eine Umkehr auf den ersten Blick nicht sehen kann. Aber die Hoffnung ist da. Ich bin ein heiterer Existenzialist."

★ ★ ★ ★ ★
PANORAMA

Die weiteren Aussichten

*Wo chiemte mer hi // wenn alli seite // wo chiemte mer hi // und
niemer giengti // für einisch z'luege // wohi dass me chiem // we me
gieng.*

*(Wo kämen wir hin, // wenn alle sagten, // wo kämen wir hin, //
und niemand ginge, // um einmal zu schauen, // wohin man käme,
// wenn man ginge.)*

Kurt Marti

1

Der perfekte Sturm
oder: Die Corona-Pandemie und ihre Folgen

Während dieses Buch entsteht, hält ein Virus die Welt in Atem. Krankenhäuser, Ärztinnen und Ärzte sowie das Pflegepersonal sind überlastet, man spricht von der zweiten, dritten, gar vierten „Welle", es kursieren verschiedene Mutationen, deren Tragweite noch nicht absehbar ist, und bei vielen herrscht eine diffuse Angst vor neuen Impfstoffen, die in Rekordzeit entwickelt wurden. Es gibt verordnete Schließungen von Geschäften und Gastronomiebetrieben, Ausgangssperren werden verhängt, Schülerinnen und Schüler werden, wenn es die Internetverbindung zulässt, online unterrichtet, viele Angestellte und Beamte sitzen im Homeoffice. Alles, was nicht „unbedingt notwendig" sei, solle vermieden werden, heißt es, beginnend bei persönlichen Treffen bis hin zu Vergnügungsausflügen und aufschiebbaren Erledigungen. Das kulturelle Leben ist auf ein Minimum reduziert und findet im Wesentlichen nur noch über elektronische Geräte statt – Livestreams, Wohnzimmerkonzerte, Online-Serien. Im Sommer 2020 hatte es noch besser ausgesehen, es gab für wenige Wochen so etwas wie „Normalität", doch im Herbst stiegen die Fallzahlen der Erkrankten und Verstorbenen wieder rasant. Die politischen Entscheidungsträger zeigen sich von der angespannten Situation ge- und allzu oft überfordert, eine lösungsorientierte Navigation zwischen den legitimen Interessen unterschiedlichster Gruppen ist schwierig. Politische Entscheidungen und Maßnahmen werden unklar kommuniziert und erscheinen vielen wenig nach-vollziehbar, die Gemüter sind erhitzt, die Nerven liegen blank.

Auch die Tourismusindustrie erlebt ihre schwerste Krise seit dem Zweiten Weltkrieg: Italien etwa verbuchte 2020 fast siebzig Prozent weniger ausländische Touristen als im Jahr zuvor. Während der Städtetourismus sehr stark eingebrochen ist, konnten zumindest im Sommer viele Berggebiete von ihren Kernkompetenzen im Bereich des Naturerlebnisses, der sportlichen Betätigung an der frischen Luft und des körperlichen Wohlbefindens profitieren. Nach wochenlangem Teil-Lockdown blickten alle angespannt auf die Weihnachtszeit. Christkindlmärkte wurden schon frühzeitig untersagt, ebenso wie Konzerte, Lesungen, Theateraufführungen und dergleichen. Die Skigebiete hoffen dennoch auf eine zumindest unter Auflagen ermöglichte Öffnung. In der Schweiz erfolgt diese ganz regulär Ende November – begleitet von teils harscher internationaler und nationaler Kritik. Ob das Skifahren als immunsystemstärkende Betätigung an der frischen Luft oder als Superspreading-Event bei Massenansammlungen vor Skiliften oder in Restaurants angesehen wird, hängt stark vom jeweiligen Standpunkt ab. Auch das Argument, die Menschen hätten bereits auf so viel verzichtet, daher dürfe man ihnen nicht auch noch das schönste Sporterlebnis des Winters wegnehmen, ist zu hören. Tatsächlich ist der Preis der zahllosen kurz- und langfristigen, wellenartig über die Menschen hinwegrollenden Maßnahmen hoch: Die ständige Ungewissheit und Unplanbarkeit, die Sorge um die eigene Existenz, die bange Hoffnung auf einen entscheidenden Durchbruch, die nur ständig durch noch schlechtere Nachrichten zerschlagen wird, zehren an der Substanz. Viele sind am Ende ihrer Kräfte, materiell, aber vor allem psychisch.

Dabei klang das am Anfang der Pandemie noch ganz anders. In der allgemeinen Rhetorik wurde die Pandemie als Chance für ein längst notwendiges Innehalten, eine „Nachdenkpause" oder gar einen „Neustart" dargestellt. In den Tagen des Lockdowns könne man in sich gehen und darüber sinnieren, was im Leben wirklich wichtig sei, um danach sozusagen geläutert und als anderer Mensch weiterzumachen, solidarischer, reflektierter, besser. Der Tenor lautete: Ein Zurück zum vorherigen System dürfe es nicht geben, denn es sei das vorherige System gewesen, das die Pandemie überhaupt erst ermöglicht habe. Tatsächlich ist nicht unumstritten, woher genau das Virus mit dem klingenden Namen Sars-CoV-2 stammt, doch am plausibelsten scheint die Annahme, dass es von Fledermäusen auf den Menschen übertragen wurde. Der Klimawandel, aber auch die zunehmende Zerstörung von Lebensräumen, das immer invasivere Eindringen des Menschen auch noch in die letzten Rückzugsgebiete von Wildtieren hätten demnach einen entscheidenden Anteil an der Entstehung der globalen Krise. Wo der Natur kein Ausweg mehr bleibt, entfesseln sich ihre verborgenen Gefahren – für Tiere harmlose Viren und Bakterien werden für die Menschen zur verderbenbringenden und kaum noch eindämmbaren Katastrophe.

Freilich ist diese Interpretation der Pandemie nicht weltweiter Konsens. Dass fortan stärkere Anstrengungen zum Schutz der Umwelt unternommen werden müssten, scheint sogar nur die Schlussfolgerung einer Minderheit zu sein. Die Fakten sprechen eine andere Sprache. In Brasilien etwa lässt Präsident Jair Bolsonaro zu, dass allein im Jahr 2020 über 11.000 Quadratkilometer Regenwald zerstört werden, um 9,5 Prozent mehr als im Vorjahr. Längst vergessen scheint das 2009 gegebene Versprechen eines Gesetzes zum Klimaschutz, das vorsah, die Vernichtung des Regenwalds auf 3.900 Quadratkilometer pro Jahr zu beschränken. Der Verweis auf Brasilien darf aber nicht darüber hinwegtäuschen, dass auch anderswo in der Welt und namentlich in Europa hehre Ziele zur Reduzierung von Emissionen oder zur Einrichtung von Schutz- und Schonräumen für Flora und Fauna in schönster Regelmäßigkeit zerbröseln. Das unvorstellbar brutale System der Massentierhaltung wird nicht einmal in Absichtserklärungen angetastet, obwohl die damit einhergehenden Missstände und Risiken für Mensch, Tier und Gesundheit (Stichwort multiresistente Keime) schon jahrelang bekannt sind.

Als im Herbst 2020 die Zahlen der Infizierten ebenso wie jene der Todesfälle wieder stark anstiegen, veränderte sich die Haltung zur Pandemie zusehends. Abgesehen davon, dass es unterdessen quasi zum guten Ton gehört, die offiziell verlautbarten Zahlen anzuzweifeln oder zumindest zu relativieren („ich glaub denen kein Wort mehr, die erfinden doch jeden Tag etwas Neues, da stimmt doch gar nichts mehr bei diesen Zahlen"), ist für viele mittlerweile auch der Punkt erreicht, an dem die Maßnahmen gegen die Pandemie schwerere Auswirkungen haben als die Pandemie selbst. So scheint nicht wenigen die Aussicht auf eine grippeartige Erkrankung mit einem gewissen Risiko eines schweren bis tödlichen Verlaufs weniger Angst zu machen als eine Fortsetzung des Zustands permanenter Kontaktbeschränkungen, Ausgangssperren, Geschäftsschließungen und faktischer Berufsverbote.

Eine Änderung des Systems? Eine Wiedergeburt als neuer Mensch, mehr noch, als neue Menschheit? Interessiert kaum noch. Die meisten wollen einfach nur mehr ihr altes Leben zurück. Und natürlich wollen viele nach den langen Wochen und Monaten des Verzichts am Ende der Pandemie endlich wieder die Dinge genießen, die ihnen nun so lange vorenthalten wurden. Daher befürchten viele Klima- und Umweltschützer, dass es aufgrund des verständlichen Kompensationswunsches nun erst recht zu emissionsintensiven, umweltbelastenden Aktivitäten kommen und der verhältnismäßig bescheidene Naturschutzeffekt, der sich aufgrund verringerter Mobilität und geschlossener

Fabriken während der Wochen des Lockdowns ergeben hat, verpuffen könnte. Dennoch wird die Pandemie, die noch nicht ausgestanden ist, ihre Spuren hinterlassen. Wie genau diese sich äußern werden, lässt sich anhand der zum Teil drastischen Veränderungen mutmaßen, denen wir uns alle unterwerfen mussten und die mittlerweile so selbstverständlich geworden sind, dass schon jetzt klar ist, dass uns einiges erhalten bleiben wird. 2020 war das Jahr des Homeoffice und der Online-Meetings, des Lieferservice und der Paketdienste, aber auch des Urlaubs im eigenen Land. Letzteres nahmen viele auch als Chance wahr, einmal die nähere Umgebung aus Touristensicht, aber doch mit sehr viel weniger Menschenmassen als sonst zu erleben. In Italien waren Florenz, Venedig und Rom für einmal nicht überlaufen und damit „ungenießbar", in Österreich konnte man Salzburg und Wien ganz entspannt für sich entdecken, nur in den attraktiven Berggebieten der Alpen stiegen sich die Wanderwütigen beinahe gegenseitig auf die Zehen – und die Zahl der Wanderunfälle erreichte in der Schweiz einen neuen Rekord. Auch Graubünden erlebte mit einem Plus von 12,2 Prozent an Nächtigungen durch Einheimische ein Rekordjahr und konnte damit einen Gutteil des Ausfalls durch fehlende ausländische Gäste abfedern. So betrug das Nächtigungsminus in Graubünden am Ende des Jahres 9,2 Prozent, angesichts der Gesamtschweizer Rückgänge von 40 Prozent sehr moderat. Der Schweizer Nationalpark und das Val Müstair, beide sonst eher ein Geheimtipp für entschleunigte Genießer, waren 2020 so gefragt wie nie. Kein Wunder, dass sich Hirsch, Gämse und Murmeltier schleunigst aus dem Staub machten und erst wieder hervorkamen, als im Herbst der Touristenstrom so langsam versiegte.

Es spricht zwar einiges dafür, dass sich der Trend der „Ferien daheim" nach der Pandemie nicht fortsetzen wird, gerade weil viele sich beim Urlaub auch Abwechslung vom Eigenen wünschen, doch ein Trend hat sich in diesem Jahr sehr klar abgezeichnet: der Rückzug in die Zweitwohnung. So nutzten viele ihre ländlichen Ferienwohnungen und -villen als ruhigere und naturnahe Alternative zu ihren städtischen Unterkünften, genossen zwischen ihren Homeoffice-Bürozeiten ausgedehnte Spaziergänge, wanderten, fanden einen Ausgleich in der belastenden Ausnahmesituation. In der Schweiz war denn auch 2020 die Nachfrage nach Zweitwohnungen in den Bergen so groß wie seit Jahren nicht mehr, im Oberengadin etwa entstand im Winter 2020/21 eine richtiggehende Upper-Class-Enklave für Pandemieflüchtlinge. In den Städten freilich sah es ganz anders aus. Hatte es jahrelang massive Probleme wegen steigender Mietpreise und immer rarer werdender Wohnmöglichkeiten in touristisch gehypten Städten gegeben, so blieben 2020 die ansonsten an Touristen vermieteten Wohnungen, die auf Plattformen wie AirBnB angeboten wurden, leer. Allein in Lissabon wurden daher über 20.000 Ferienwohnungen wieder auf dem normalen Wohnungsmarkt für langfristige Mieter angeboten.

Eine gewisse Vorsicht bei der Wahl des Reiseziels wird wohl noch eine Weile anhalten. Die Fragen, ob man problemlos wieder nach Hause kommt oder ob der Urlaubsort auch in Zeiten einer möglichen erneuten Pandemie-Situation die nötigen Infrastrukturen bietet, gerade im Bereich der Gesundheitsversorgung, könnten künftig durchaus eine Rolle spielen. Der Erfolg des Corona-Sommers 2020 ließ sich im Winter nicht wiederholen: Zwar hatten sich zahlreiche Wintersportorte ordentlich ins Zeug gelegt, um einen „mit Abstand" sicheren Urlaub zu gewährleisten. Ähnlich wie zahlreiche Kultureinrichtungen hatten sie Konzepte erarbeitet und Investitionen getätigt, um zumindest noch in reduzierter Form ihr Geschäftsmodell aufrechthalten zu können. Für die Theater, Musiksäle und Opernhäuser hat sich die

Anstrengung nicht gelohnt: Sie müssen bis auf Weiteres geschlossen bleiben. Und die Tourismusgebiete? Nach vereinzelten Eulenspiegeleien wie falschen Skilehrerkursen, Urlaubern, die als Geschäftsreisende deklariert wurden, Einheimischen, die für ein Abendessen zum Schein ins Hotel eincheckten, und was es an Schlaumeiereien sonst noch gab, zogen viele Regionen die Notbremse und erklärten die Saison für beendet. Das war besonders bitter für all jene, die sich mit viel Engagement und teilweise beträchtlichen finanziellen Investitionen für eine sichere Saison ins Zeug gelegt hatten.

Erneut kämpfen die Skidestinationen mit dem Vorwurf, als Virenschleudern für ganz Europa zu fungieren. Und ums Überleben. An vielen Orten wurde gar nicht erst geöffnet oder nach kurzer Zeit wieder alles dichtgemacht. Nächtigungsrückgänge von achtzig, neunzig Prozent, ständige Ungewissheit, wann der nächste Lockdown kommt – für die meisten ein Winter zum Vergessen. In der Schweiz freilich sah es anders aus: Hier waren die Hotels weiterhin geöffnet. Trotzdem blieb die Saison auch hier schwierig, Gastronomiebetriebe mussten geschlossen halten, selbst auf den luftigen Bergterrassen durfte nichts konsumiert werden. Dennoch, dass angesichts dieser verhältnismäßig milden Einschränkungen der Frust in den benachbarten Gebieten jenseits der Grenze umso größer war, ist nur verständlich.

Fakt ist: Die Corona-Pandemie wirkt wie ein Vergrößerungsglas, unter dem globale Missstände, die schon jahrelang schwelten, deutlich sichtbar werden. Von der vielzitierten Eigenverantwortung der Bürgerinnen und Bürger ist nach anfänglicher Solidarität und Disziplin immer weniger zu sehen – verständlich nach den zermürbenden Wochen und Monaten des Ausharrens, das am Ende doch nicht den erhofften Befreiungsschlag brachte. Dafür werden eifrig Sündenböcke gesucht – und der Tourismus bietet sich hier geradezu an.

Wie schnell das traumatisierende Erlebnis der Pandemie überwunden sein wird, ist noch nicht absehbar, auch nicht, ob es langfristig wohltuende Wirkungen für Mensch und Umwelt geben wird oder ob der Motor in kürzester Zeit wieder so heiß laufen wird wie in den Jahren zuvor.

Die Leserinnen und Leser dieser Zeilen wissen mehr.

2

Das Ende der Scham
oder: Von Heuschrecken und Hamsterkäufern

Wollte man das Lebensgefühl weiter Teile der westlichen Gesellschaften mit einem einzigen Begriff auf den Punkt bringen, so wäre es wohl dieser: Scham. Wir haben zu viel, es geht uns zu gut, wir sind verwöhnt, verweichlicht und undankbar. Seit Generationen und von klein auf begleiten uns diese Vorwürfe, die wir längst verinnerlicht und meistens auch erfolgreich verdrängt haben. In unseren edleren Momenten erkennen wir sie als völlig zutreffend an. Global betrachtet haben wir einen Lebensstandard erreicht, der uns in einer gerechteren Welt nicht zustünde. Wir leben auf Kosten anderer und profitieren von einem Ungleichgewicht, das unsere räuberischen Vorfahren mit unvorstellbarer Brutalität auf allen Kontinenten, wo nicht herbeigeführt, so zumindest befördert haben. Zugleich können und wollen wir nichts an diesem Zustand ändern – warum auch sollten wir freiwillig zurückstecken? Das Leben ist auch so schon hart genug, und dass es anderen noch sehr viel elender geht, ist kein Grund, sich selbst unglücklich zu machen. Daher bleibt uns zur Aufrechterhaltung unserer ethischen Integrität nur die Zuflucht in die ständig unterschwellig nagende Scham: Ja, ich will nichts an der Ungerechtigkeit in der Welt ändern, weil ich davon profitiere – aber zumindest habe ich ein schlechtes Gewissen (Schlechtere als wir haben nämlich nicht einmal das). Und so schämen wir uns dafür, dass die Speisen auf unseren Tellern ebenso wie die Kleider in unseren Schränken zu billig sind, wir schämen uns für den Komfort unserer beheizten Wohnungen, den Luxus unserer Elektrogeräte und die Bequemlichkeit unserer Mobilität. Besonders das Fliegen stand zuletzt stark in der Kritik. Seit wir unsere Sündenlast in CO_2-Emissionen berechnen, stieg das Benutzen eines Flugzeugs in die Riege der Umwelt-Todsünden auf. Mit Recht: Als „Klimakiller Nummer Eins" macht die Flugfahrt zwar insgesamt „nur" zwischen drei bis vier Prozent der globalen Emissionen aus – da aber hauptsächlich im „reichen Westen" geflogen wird, beträgt ihr Anteil etwa in der Schweiz, wo die durchschnittliche Bürgerin bis zu drei Mal im Jahr in Urlaub fährt, ganze zwölf Prozent der nationalen Emissionen. Mit einer Einschränkung des Reise-Flugverkehrs könnten also zumindest in der Schweiz durchaus erhebliche CO_2-Einsparungen erreicht werden.

Natürlich lässt sich die uns ständig wie ein lästiger Tinnitus begleitende Scham durch selbstgerechte Tauschaktionen („dafür rauche ich nicht mehr", „dafür esse ich weniger Fleisch") minimieren und vom Rauschen des Alltags übertönen, aber doch ist sie da, ein kleiner Wermutstropfen, der bei jedem Genuss einen bitteren Nachgeschmack hinterlässt. 2020 nun war das Jahr, in dem unsere Scham ein unerwartetes Ende fand. Erschüttert durch die traumatischen Erlebnisse von Lockdown, Existenzangst, Verunsicherung und gesellschaftlicher Spaltung, empfanden wir beim überstürzten Hamsterkauf von Nudeln, Mehl und Toilettenpapier nicht mehr Scham, sondern Trost. Die Pandemie hatte uns den Boden unter den Füßen weggezogen und uns nicht nur unserer Freiheiten, sondern auch unserer Gewissheiten beraubt. Ja, wir hatten es gut gehabt, vielleicht sogar zu gut, aber jetzt ging es uns schlecht, so schlecht wie nie. Wir saßen fest, auf unbestimmt, nicht mehr Schmied unseres Glücks, sondern Spielball des Schicksals. Über Wochen und Monate erduldeten wir den auferlegten Verzicht und hatten dabei Gelegenheit, unser Weltbild gründlich zu revidieren. Wer jetzt eine geräumige Wohnung oder gar ein Häuschen im Grünen zur Verfügung hatte, empfand nicht mehr Scham, sondern Erleichterung. Das Leben ist zu kurz und fragil, um sich mit einem schlechten Gewissen herumzuschlagen.

Und wenn die Grenzen wieder geöffnet und Reisen wieder möglich sind, dann hole ich endlich den Urlaub auf Bali nach, den ich mir schon lange gewünscht habe. Flugscham? Überlasse ich getrost Greta Thunberg und anderen freudlosen Gestalten. Ich will endlich wieder mein Leben genießen, nachdem mir die Pandemie so viel weggenommen hat.

Freilich: Die zu befürchtende Überkompensation werden sich nur diejenigen leisten können, deren Gehälter auch während der Achterbahnfahrt zwischen „harten" und „weichen" Lockdowns kontinuierlich weiter ausbezahlt wurden. Wer von Kurzarbeit betroffen war oder gar arbeitslos wurde, wer von einer Absage zur anderen, von einer Geschäftsschließung in die nächste taumelte, muss auch in den kommenden Monaten und möglicherweise Jahren kleinere Brötchen backen.

Was bedeutet das für den Tourismus?

Die Durststrecke ist noch lange nicht überwunden. Die Zahl der Touristen, die per Flugzeug anreisen, wird nicht so schnell wieder auf ein früheres Niveau zurückkehren. Manche, wohl hauptsächlich jüngere Menschen, werden sich daher von der Gastronomie ab- und anderen Berufsfeldern zuwenden. Das könnte in gewissen touristischen Gegenden zur dringend notwendigen Diversifizierung führen, die im Falle katastrophaler Ereignisse eine höhere Resilienz verspricht.

Bei den Urlaubern wiederum könnte sich ein Trend verstärken, der sich schon vor der Pandemie abzeichnete: der zum sogenannten „erdgebundenen" Reisen. Damit sind von Zug und Fernbus über das Privatfahrzeug bis zum Fahrrad alle Arten der

Mobilität gemeint, die nicht mit Flugverkehr einhergehen. Das Reisen würde dadurch notgedrungen entschleunigt und regionaler. Das muss aber nicht mit Verzicht und Eintönigkeit einhergehen (von beidem hatten wir jetzt mehr als genug). Ein ständig erweitertes Netz von Hochgeschwindigkeitszügen und Fernbussen verbindet mittlerweile zahlreiche europäische Großstädte, die mit dem eigenen Auto zu bereisen ohnehin mühsam und umständlich ist. In wenigen Stunden gelangt man von Zürich nach Paris, von Prag nach Rom, von Budapest nach Amsterdam. Die Aussicht auf eng gedrängte Menschenmassen könnte aber auf manche weiterhin abschreckend wirken. Für die Berggebiete darf man deshalb optimistisch sein: Auch in der nächsten Zukunft wird die Sehnsucht nach Abstand und Weite, nach Luft, Ruhe und Naturerlebnis bestehen bleiben. Man muss zwar nicht gleich mit der Trendforscherin Anja Kirig vom Frankfurter Zukunftsinstitut die Ära eines neuartigen „Resonanztourismus" heraufbeschwören – der Wunsch nach bedeutungsvollen Erfahrungen war immer schon Teil der Reisefaszination –, dennoch ist es nicht unwahrscheinlich, dass zaghafte Entschleunigungs-Trends der vergangenen Jahre mit und nach der Corona-Pandemie Fahrt aufnehmen.

2020 entdeckten viele die Reise im Wohnmobil für sich – einfach mal drauflosfahren, schauen, wohin es einen treibt, im Auto, im Zelt oder unter den Sternen übernachten, das Gefühl von Freiheit genießen, das während des Lockdowns so sehr vermisst wurde. Den Trend zum sogenannten Van-Life gibt es schon länger, und zahlreiche Blogs und Social-Media-Accounts feiern die selbsttätige Umwandlung eines Kleintransporters in eine Mini-Unterkunft mit Bett, Kochstelle, Kühlschrank, Heizung und Solarstrom. Die Anhänger dieser Bewegung zelebrieren das nomadische Leben mit der Reduktion auf das Allernotwendigste als Befreiungsschlag; ungebunden von Reservierungen

die Welt zu erobern, mit wenig Geld auskommen zu können, kurz, sich den Spielregeln des Massentourismus zu entziehen, ist vor allem für junge Leute attraktiv. Doch auch der gute alte Campingplatz erfreut sich einer gesteigerten Beliebtheit. Tatsächlich lässt sich vom minimalistischen Hippietraum bis zur luxuriös ausgestatteten Komfort-Variante jeder Wunsch erfüllen – mit dem Begriff „Glamping" ist sogar ein Wort für diese neue Form des „glamourösen Campings" geschaffen worden. Und auch für all jene, die dem Zeltlager-Feeling nicht so viel abgewinnen können, gibt es Angebote, die statt dicht gedrängter Frühstücksbuffets eine neue Luftigkeit beim Ferienerlebnis versprechen.

Das gar nicht so neue Konzept des „albergo diffuso" etwa, das in Italien seit den späten Siebzigerjahren verbreitet ist und zu Deutsch zuweilen mit dem Begriff „Streuhotel" wiedergegeben wird. Dabei tritt an die Stelle eines Hotelgebäudes sozusagen ein Hotel-Dorf, bei dem mehrere Häuser gemeinsam die Funktionen eines Hotels übernehmen (Übernachtungsmöglichkeit, Frühstücksräume, Wellnessangebote und dergleichen). Der etwas verschwommene und schwer zu übersetzende Begriff, der wörtlich etwa „ausgebreitetes, weitläufiges Hotel" bedeutet, suggeriert eine Auflösung der klassischen Hotelstruktur und mithin des damit einhergehenden Tourismus. Historische Dorfkerne können so in ihrem ursprünglichen Zustand erhalten bleiben, ohne monströsen Beherbergungsanlagen weichen zu müssen. Unter anderem kann so historische Bausubstanz bewahrt und in einem neuen Gewand weiter genutzt werden. Ansätze zu einer touristischen Umwidmung von nicht mehr genutzten, aber architektonisch wertvollen Gebäuden gibt es viele: Baufällige Kirchen oder Burgen, sanierungsbedürftige Bauernhäuser und Scheunen erstehen so in neuem Glanz und bieten ihren Gästen das begehrte Flair authentischer Historizität.

Diese sehr sanft klingende Variante birgt allerdings auch eine Gefahr. Wo ganze Dörfer oder Naturlandschaften in ihrem ehrwürdigen Glanz mietbar werden, dienen sie sich unter Umständen einem Tourismus Modell Heuschrecke an: Das erweist sich immer wieder bei erfolgreichen Hollywoodproduktionen wie „Der Herr der Ringe" oder „Game of Thrones", die einen wahren Run auf die Drehorte auf Neuseeland bzw. auf Island oder in Kroatien ausgelöst haben. Dubrovnik etwa, Schauplatz für die Hauptstadt Königsmund (im Original „King's Landing") des fiktiven Kontinents Westeros, mag finanziell von seinem Status profitiert haben, als Reiseziel ist es aber wohl über Jahre hinweg verdorben. Freilich zeigt sich, dass nicht nur Filmproduktionen gierig nach majestätischen Settings für ihre Inszenierungen suchen. So ist etwa das Winter-Wonder-Land als käufliche Prachtkulisse für extravagante Protzevents der Upperclass keine Neuheit. Ein Beispiel dafür ist das Weltwirtschaftsforum WEF, das bis einschließlich 2020 im schweizerischen Davos beheimatet war und dort in wenigen Tagen einen guten Teil des Jahresumsatzes der Gastronomen und Ladenbesitzer sicherte, die ihre

Räumlichkeiten gegen horrende Preise an die Aussteller vermieteten. 2021 wird es pandemiebedingt erstmals in Singapur abgehalten; ob es danach wieder in die Schweiz und konkret nach Davos zurückkehrt, ist noch unklar.

Und auch das mondäne St. Moritz befriedigte schon wiederholt bollywoodeske Märchenphantasien: Für die „Pre-Wedding-Party", also die Vor-Hochzeitsfeier (ja, in diesen Kreisen gibt es so etwas) anspruchsvoller Milliardärsabkömmlinge wurde etwa ein exklusiver Vergnügungspark für geladene Gäste aus dem Boden gestampft, von der ungestörten Pferdeschlittenfahrt im Pulverschnee bis zum abendlichen Gala-Feuerwerk über dem gefrorenen See blieb kein Wunsch unerfüllt. Ja, die Einheimischen mussten sich einmal mehr mit der Rolle des Zaungastes abfinden, und ja, die Spur der Zerstörung und Verschmutzung, die der glamouröse Tross hinterließ, war beachtlich, doch das süße Klingeln der Kassen heilt jeden Schmerz.

Der „Heuschrecken-Tourismus" stellt in letzter Konsequenz das zu einem Konzentrat eingedampfte Prinzip des „Qualitätstourismus" dar: In allerkürzester Zeit wird durch die Bereitstellung des größtmöglichen Luxusangebots genug Geld verdient, um damit einen Gutteil des restlichen Jahres zu bestreiten. Das klingt aus Gastgebersicht zunächst deutlich attraktiver als das mühselige Klein-Klein des Massentourismus, bei dem man sich eine zähe Saison lang oder sogar ganzjährig mit bornierten Pfennigfuchsern, enthemmten Partygängern und rücksichtslosen Pistenrowdys herumschlägt. Doch auch die Aussicht, sich den wechselnden Launen und exotischen Wünschen einer unberechenbaren Oberschicht anheimzugeben, ist nicht unbedingt verlockend, zumal die Konkurrenz auf diesem doch überschaubaren Markt groß ist. Die Gefahr, in Ungnade zu fallen oder schlichtweg nicht mehr attraktiv genug zu sein, ist jederzeit gegeben. Zur Veranschaulichung eines solchen Schicksals blicke man nach Bivio, wo sich einst die Prominenz tummelte und heute eine geradezu gespenstische Ruhe breitmacht. Ohnehin ist es riskant, alles auf eine Karte zu setzen. Sich auf sehr eng umrissene Kundensegmente zu spezialisieren, hat zweifellos Vorteile, doch kann es gerade in Krisenzeiten fatale Folgen haben. Flexibilität ist gefragt, um rasch handeln zu können, wenn etwa die Chinesen, Araber, Inder, auf die man sich eingestellt hat, nicht mehr anreisen können oder wollen. Und auch als Tourist muss man darauf gefasst sein, sich auf rasch ändernde Gegebenheiten einzustellen – während ich diese Zeilen schreibe, fahnden die Schweizer Behörden nach britischen Skiurlaubern, die sich statt auf die Piste unverzüglich in Quarantäne begeben müssten, weil sie potenzielle Träger einer ansteckenderen Mutation des Sars-CoV-2-Virus sind.

Zweifellos: Es sind unsichere und unübersichtliche Zeiten, die wir erleben, doch Hilfe naht. Gast und Gastgeber sind nicht mehr auf sich allein gestellt. Im Zeitalter der allumfassenden Digitalisierung tönt es verheißungsvoll aus allen Smartphones, Tablets, Notebooks und Smartwatches: Zum Paradiese mögen Algorithmen dich geleiten.

3

Wollt ihr den totalen Urlaub?
oder: The Algorithm of Life

Die meisten von uns führen schon seit Jahren ein Doppelleben. Ähnlich wie die berühmten Superhelden der Comic- und Filmwelt verfügen wir über ein ziviles Ich, das den Alltag bestreitet, und ein Alter Ego, das meist ein viel glamouröseres, auf jeden Fall aber glücklicheres Dasein genießt; dessen Revier ist allerdings nicht die nächtliche Halbwelt von Gotham City, sondern das Internet. Unsere digitalen Avatare können alles sein, der verwöhnte Milliardär Bruce Wayne, der düstere Rächer Batman und sogar der psychotisch-verstörende Joker, oft sogar alles gleichzeitig. Mit sorgfältig eingerichteten Fotos, die uns im besten Licht erscheinen lassen, setzen wir uns in Szene, wir geben uns klingende Namen, probieren uns in anderen Rollen aus – und füttern soziale Netzwerke, Suchmaschinen und Onlinehändler nebenbei mit einer Unmenge von Daten, die mehr über uns preisgeben, als den meisten bewusst ist. Während wir in der Illusion schwelgen, uns im Internet freier bewegen zu können als im realen Leben, verwandeln wir uns dort in Wahrheit in Zahlenpakete, die ständig berechnet werden. Wann habe ich welche Seite besucht? Was habe ich mir dort angeschaut und wie lange? Welche Inhalte habe ich rasch übersprungen, bei welchen bin ich verweilt? Welche Videos habe ich angeklickt und wieviel davon habe ich mir auch angesehen? Mit welchen Personen habe ich Kontakt, bei welchen kommt es zu einem kürzeren, bei welchen zu einem längeren Austausch?

Das Ziel der Online-Plattformen ist klar: Wir sollen länger auf ihren Seiten bleiben, damit uns dort Werbungen gezeigt werden können, mit denen diese Plattformen ihr Geld verdienen. Daher ist alles darauf ausgerichtet, dass wir mehr Zeit auf Facebook, Instagram, Reddit oder einer Nachrichtenseite verbringen, als wir ursprünglich geplant hatten. Die Methoden sind bekannt: emotionale Inhalte, die uns aufwühlen, scheinbar unendliche Feeds, die man fast schon automatisiert hinunterscrollen kann und die uns dabei ähnlich wie bei einem Glücksspielautomaten ständig neue Jackpots versprechen, vor allem aber: mehr vom Gleichen.

Dieses Prinzip ist die vielleicht problematischste Funktion der Algorithmen, die eingesetzt werden, um uns möglichst lange am Ball zu halten. Durch unsere Vorlieben, die wir mit Likes, Herzchen oder einfach nur längeren Verweildauern bei bestimmten Inhalten bekunden, wird ein sehr genaues Profil von uns erstellt: mag Katzen, nordische Naturlandschaften, italienische Kochrezepte, schockierende Bilder von Menschen mit entstellenden Krankheiten und Nachrichten über kriminelle Migranten. Also wird nach dem Prinzip „mehr vom Gleichen" genau das geliefert: mehr Katzen, mehr nordische Naturlandschaften, mehr italienische Kochrezepte, mehr schockierende Krankheiten, mehr kriminelle Migranten. Und passgenau dazwischengestreut erscheint Werbung, in der Katzen und nordische Naturlandschaften vorkommen, italienische Spezialitäten oder alternative „Heilmittelchen" gegen alles Mögliche angepriesen werden oder zur Wahl gewisser politischer Parteien, die sich gegen kriminelle Migranten einsetzen, aufgerufen wird. Die schier unfassbare Fülle an eigentlich verfügbaren Inhalten wird so zu einem sehr beschränkten, individuell zugeschnittenen Mosaik zusammengefügt, durch das die Welt zu einer nordischen Katzenlandschaft mit viel kaltgepresstem Olivenöl und ständig von entstellenden Krankheiten und verbrecherischen Migranten bedrohten Menschen verzerrt wird. Zugleich prahlen die Erfinder dieser digitalen Zwangsjacken damit, endlich die ultimative „Personalisierung" erreicht zu haben, durch die jeder genau das finde, was ihn wirklich interessiere, statt sich mit langweiligen (sprich: ihn nicht an die Plattform fesselnden) Inhalten herumschlagen zu müssen. Dabei wissen wir es doch noch aus unserer eigenen Schulzeit: Hätte man uns damals erspart, was uns anfänglich schwerfiel oder uninteressant erschien, fehlten uns heute gewisse Kompetenzen, die uns den Alltag erleichtern („kann man alles nachlernen", höre ich schon den Widerspruch; vergessen wir aber nicht, dass man nur nachlernt, was man als Manko empfindet. Leider aber tun fehlendes mathematisch-naturwissenschaftliches Wissen oder die Unkenntnis philosophisch-ethischer Grundprinzipien nicht den Ignoranten weh, sondern denen, die unter diesen Ignoranten leiden).

Trotz oder wegen dieser beunruhigenden Entwicklungen sind wir mittlerweile in eine analog-digitale Doppelexistenz gezwungen, aus der wir uns kaum noch befreien können. Mit der Corona-Pandemie, der man ansonsten viel Heilendes unterstellt, wurde der Schwerpunkt sogar noch mehr in den virtuellen Raum verlagert. Es gilt nun nicht mehr, dass „in ist, wer drin ist", sondern dass „hin ist, wer nicht drin ist". Ohne einen Webauftritt, ein Facebook-Profil, eine Messenger-App fallen wir über die Ränder der Welt, die im Digitalen tatsächlich eine Scheibe ist.

Im Tourismus gilt das zunächst natürlich für die Anbieter. Wer keine Homepage pflegt oder zumindest auf den großen Urlaubsportalen zu finden ist, hat auf dem umkämpften Markt kaum Chancen. Gerade die großen Portale jedoch diktieren ihre Konditionen nach Belieben. Es reicht eben nicht, „im Netz" zu sein. Man muss auch gefunden werden können. Suchmaschinen wie Google, Expedia oder Amazon nutzen diese Macht

gnadenlos aus (es mag verwundern, dass ich Amazon als Such-
maschine bezeichne; tatsächlich fungiert aber Amazon für viele
als Warensuchmaschine, egal ob es um Bücher, technologische
Geräte oder Küchenutensilien geht). Dass beträchtliche Summen
ausgegeben werden, damit gewisse Anbieter weiter oben in der
Trefferliste erscheinen, ist ein offenes Geheimnis. Das Internet,
das einst als verheißungsvolles Portal in eine Welt des freien In-
formationsaustausches und der Gleichberechtigung angetreten
war, ist längst zur Manipulationsmaschine mutiert, in der wenige Konzerne über eine beängstigende Machtfülle verfügen. Statt
Fairness und Transparenz zu garantieren, vergeben sie die Lo-
genplätze an die Meistbietenden. Auch positive Bewertungen,
Klicks und Likes sind käuflich oder zumindest leicht fälschbar,
wie amüsante Selbstversuche von Journalisten in der Vergangenheit wiederholt bewiesen haben. So gelang es etwa dem Briten
Oobah Butler im Jahr 2017 in einer aufsehenerregenden Aktion
für das Online-Magazin „Vice", ein nicht existierendes Lokal namens „The Shed at Dulwich", das im Wesentlichen aus dem Ge-
räteschuppen in Butlers Hinterhof bestand, zum am besten be-
werteten Restaurant Londons auf Tripadvisor zu machen, ohne
je auch nur einen einzigen Kunden bewirtet zu haben. So unter-
haltsam sich das für Unbeteiligte anhören mag, für die direkt

Betroffenen ist die Situation haarsträubend. Nie werde ich die ehrliche Empörung und Enttäuschung der älteren Dame vergessen, die in der umbrischen Stadt Orvieto ein gediegenes Restaurant führte, das sich auf fast vergessene historische Rezepte und Zubereitungsarten spezialisiert hatte. Auf Tripadvisor, klagte sie, sei ihr Restaurant nicht einmal unter den besten zehn Lokalen der Stadt zu finden. Und auf dem ersten Rang liege eine Eisdiele! Eine Eisdiele! Nein, die Signora verstand die Welt nicht mehr. Ich hätte ihr damals gerne gesagt, dass es doch unerheblich sei, was auf irgendwelchen Seiten im Netz stehe. Dass doch jeder wisse, dass Kundenrezensionen nicht viel bedeuten. Es wäre aber nicht aufrichtig gewesen. Ob es uns gefällt oder nicht, Rankings, Sterne und Daumen-hoch-Zeichen beeinflussen uns. Als soziale Wesen folgen wir dem Schwarm und schreiben ihm eine höhere Intelligenz zu, obwohl wir schon längst wissen könnten, dass das sonst rational denkende Individuum sich im Schwarm gerne treiben lässt und daher allzu leicht die Führung an diejenigen mit dem größten Willen zur Macht abgibt. Im Schwarm fühlen wir uns gut aufgehoben. Es wird uns schon nichts geschehen, solange wir uns schön in der Mitte aufhalten. Einfach dahin schwimmen, wohin alle schwimmen, dann gelangen wir am leichtesten zu den schönsten Korallengründen.

Freilich: Wir sind keineswegs die willenlosen Marionetten, als die wir oft von selbsternannten Querdenkern verhöhnt werden. Wenn es um wirklich Wichtiges geht, sind wir durchaus bereit, uns dem Sog des Schwarms zu entziehen und gegen den Strom zu schwimmen. Wenn es aber um etwas relativ Beliebiges wie unseren Urlaub geht, sind wir schlichtweg meistens nicht engagiert genug, um uns in wochen- und monatelanger Vorarbeit das perfekte Paket jenseits ausgetretener Pfade zu schnüren. Wir wollen uns doch einfach nur erholen, da bringt es nichts, sich vorher mit der ewigen Suche nach dem besten Hotel zu stressen.

Wenn es für viele andere gut genug war, wird es auch für uns passen. Diese unsere leichte Lenkbarkeit soll in Zukunft noch besser – und natürlich nur zu unserem Vorteil – genutzt werden. Der Urlaubstraum holt uns dort ab, wo wir gerade sind, und das ist mit ziemlicher Wahrscheinlichkeit: vor einem Bildschirm. Sympathische Influencerinnen, neuerdings zunehmend sogenannte Micro-Influencerinnen, also solche mit einem eher kleineren, dafür sehr speziellen Follower-Segment, denen wir Beratungskompetenzen in Bezug auf Shampoos, Sonnencremes und Sportschuhe zuschreiben, zeigen uns, vor welcher Prachtkulisse auch wir demnächst unsere Yogamatte entrollen könnten. Wenn wir hingegen mit geschmeidigen Körperverrenkungen weniger am Hut haben, dient dieselbe Prachtkulisse als Setting für exquisite Gaumenfreuden, musikalische Hochgenüsse oder sportliche Herausforderungen, die pures Adrenalin versprechen. Hier greift dieselbe Methode, mit der die Algorithmen passgenaue Timelines mit personalisierter Werbung erschaffen: Zuerst wird mein Kundenprofil erstellt (und dazu gehört durchaus: folgt der Micro-Influencerin XY, die einen sportlich-eleganten, laktosefreien und kafkaesken Lebensstil propagiert), und dann bekomme ich genau das geboten, was meine Daten hergeben. Irgendwann, so die Vision, navigiert mich meine Urlaubs-App von einem Ferienhöhepunkt zum nächsten, nimmt für mich Reservierungen vor, hält mir Parkplätze frei, findet die Skipisten, die noch nicht überfüllt sind. Anstatt mich darüber ärgern zu müssen, dass ich versehentlich in einem wummernden Schlagerstadel gelandet bin, erfreut mich das kleine Bistro, das ich ohne die App nie gefunden hätte, mit anregenden Jazzklängen und raffinierten Tapas zum alkoholfreien Cocktail.

Auf diese Weise, so das Versprechen, finde jeder genau das, was er sucht. An die Stelle der einen großen Erzählung vom Bergerlebnis treten zahllose individuell maßgeschneiderte Urlaubsabenteuer. Dieser Trend existiert schon länger: Nicht jeder, der nach Ischgl fährt, hat eine aufblasbare Sexpuppe im Gepäck oder sucht den Alkohol-Exzess. Es lässt sich abseits der dezibelund promillestarken Hüttengaudi auch einfach nur wunderbar wandern, Ski fahren, speisen. Allerdings dient der leise Genüsse suchende Gast nur allzu oft als wohlfeile Ausrede: Seht her, wir könnten ja auch anders. Aber was sollen wir machen, wenn die Mehrheit einfach nur die Sau rauslassen will? Und in Zukunft wird die Individualisierung noch bestärkt werden. Idealerweise gelingt es dadurch, verschiedenste Kundensegmente geschickt aneinander vorbei zu lotsen, sodass sich künftig Genuss- und Rambazamba-Urlauber nicht mehr gegenseitig das Vergnügen madig machen. Freilich enthält die Aussicht auf eine digitalisierte Lenkung der Touristenströme noch ein weiteres Versprechen, nämlich jenes, die Gäste durch sanfte Manipulation zu disziplinieren und zu besseren Kunden zu „erziehen". Dabei kommt nicht mehr dem Gastgeber die unangenehme Rolle des Spielverderbers zu, sondern der „künstlichen Intelligenz". Hinter ihr kann man sich verstecken, wenn gewisse Restaurants geheimnisvollerweise ständig „ausgebucht" sind oder in dem Hotel kein Zimmer mehr frei ist. Man sollte sich keine Illusionen machen: Nicht nur der Gastronom ist den Bewertungen seiner Kunden ausgesetzt, auch umgekehrt kann der Kunde beim Gastgeber in Ungnade fallen. Dass und wie das auch schon in der Vergangenheit praktiziert wurde, zeigt übrigens das lesenswerte Buch „Keine Ostergrüße mehr!" von Lois Hechenblaikner, Andrea Kühbacher und Rolf Zollinger, in dem die geheime Gästekartei des Grandhotels Waldhaus in Vulpera im Unterengadin aufgearbeitet wird.

Wo man sich ständig gegenseitig beurteilt, entsteht irgendwann ein harmonisches Gleichgewicht aus erfüllten und erfüllbaren Erwartungen, so zumindest die Hoffnung. Ist aber die schrittweise Entmündigung der Kundinnen nicht ein zu hoher Preis für das endlich verwirklichte Versprechen vom makellosen Wohlfühlurlaub? Und wo in dieser digital überwachten Feriendramaturgie bleibt die vielbeschworene Authentizität? Wenn alles nur noch auf die errechneten Bedürfnisse und Wünsche der Kundschaft zugeschnitten wird, entsteht das Gegenteil von Echtheit: Der auf seine Kategorisierbarkeit getrimmte Gast ist ebenso zur Unkenntlichkeit verstümmelt wie das „passend gemachte" Angebot. Die Entdeckerfreude des Feriengastes reduziert sich keineswegs nur darauf, mehr vom Gleichen serviert zu bekommen. Das Abenteuer beginnt dort, wo man zufällig in die schlagerselige Almhütte stolpert und dort eine unerwartete Bekanntschaft macht, vielleicht sogar eine neue Freundschaft schließt. Wo man über seinen Schatten springt und es eben doch einmal mit der thailändischen Küche versucht, obwohl man sich sonst auf deftige Hausmannskost eingeschworen hat. Sich selbst als ungewohnt und anders erleben zu können, ist ein wichtiger Teil des Ferienglücks. Doch dieses andere, ungewohnte Selbst ist unberechenbar und entzieht sich der auf „mehr vom Gleichen" zugespitzten Logik der Algorithmen. Das sollte man bei aller Begeisterung für die Möglichkeiten einer durch künstliche Intelligenz optimierten Urlaubsdestination nicht vergessen. Wo der „totale Urlaub" pure und ungetrübte Glücksmomente verspricht, bedient er in Wahrheit einen ausgehöhlten Kunden-Avatar, der durch das ständige „mehr vom Gleichen" der nordischen Katzenlandschaften zunehmend abstumpft. Authentisch ist dann nur noch der Konsum. Das digitale Heilsversprechen ist letztlich unerfüllbar und tritt noch am ehesten dort ein, wo die App ihre Nutzer für ein Wochenende zum „Digital Detox" schickt.

Wir sehen: Der dem Tourismus innewohnenden Paradoxie kommt nicht einmal die geballte Rechnerleistung von Supercomputern bei.

4

Touricultura Oeconomica
oder: Die Mär vom sanften Tourismus

Es ist wohl einer der am meisten geschundenen Begriffe, wenn es um Zukunftsvisionen geht: Nachhaltigkeit. Wie ein Zauberwort fliegt er von Lippe zu Lippe, er passt in die Neujahrsansprachen von Politikern ebenso wie auf die Flugblätter von Aktivisten, er schmiegt sich an jede Agenda und verleiht jedem Marketing mehr Gewicht. Wer ihn im Mund führt, wirkt frisch und innovativ, zukunftsweisend und verantwortungsbewusst und kann auf eine breite Zustimmung zählen. Gegen Nachhaltigkeit kann niemand etwas haben, denn nachhaltige Strategien, nachhaltiges Wirtschaften, nachhaltige Produktion, nachhaltiges Leben und selbstverständlich auch nachhaltiger Urlaub sind das Gebot der Stunde, das wird jeder bestätigen. Nachhaltigkeit ist somit der sichere Treffer in jedem Bullshit-Bingo: Früher oder später taucht er in nahezu jedem Kontext auf. Was genau aber damit wirklich gemeint ist, darüber lässt sich trefflich streiten.

In seinem 1713 erschienenen Werk „Sylvicultura Oeconomica", welches Anweisungen zur „Wilden Baum-Zucht" gibt, schreibt der kurfürstliche Kammer- und Bergrat Hans Carl von Carlowitz, dass der Anbau des Holzes so vonstattengehen solle, „daß es eine continuirliche beständige und nachhaltende Nutzung gebe". Damit gilt von Carlowitz als der Begründer des Nachhaltigkeitsbegriffs. Vorangegangen war eine tiefgreifende Krise der Forstwirtschaft. Im Dreißigjährigen Krieg war viel Wissen über die Pflege der Waldbestände verloren gegangen, der Rohstoff Holz, der vielfältig genutzt wurde und dem vor allem eine große Bedeutung als Energiequelle zukam, wurde durch anhaltenden Raubbau zunehmend knapp. Im forstwirtschaftlichen Sinn steht Nachhaltigkeit also für das Prinzip, ein natürliches Gleichgewicht aufrechtzuerhalten und zu ersetzen, was man verbraucht. Allerdings entsteht durch die Konzentration auf die Verwertbarkeit des Holzes auch in der „nachhaltigen Forstwirtschaft" eine Monokultur, die zur Verarmung der Biodiversität und damit beispielsweise zur höheren Anfälligkeit des Waldes für Schädlinge führt – wie man an der derzeitigen Borkenkäfer-Plage sehen kann.

Dennoch leuchtet der Grundgedanke der nachhaltigen Bewirtschaftung sofort ein. Doch ebenso schnell wird klar, dass man ihn nicht so ohne Weiteres auf andere Bereiche übertragen kann. Bäume können in relativ kurzer Zeit nachwachsen – Grund und Boden nicht. Auch Rohstoffe wie Erdöl oder Sand, beide entscheidende Treiber unserer gegenwärtigen Energie- und Bauwirtschaft, stehen nur limitiert zur Verfügung und werden vom Planeten nicht mehr nachproduziert, es sei denn, man hat ein paar Millionen Jahre Zeit zu warten.

Wer von Nachhaltigkeit spricht, muss also den Aspekt der Kontinuität und Reproduzierbarkeit im Auge behalten. Das bedeutet zugleich, dass ein Wachstum über eine bestimmte Größe hinaus nicht möglich ist: Man kann nicht mehr Bäume nutzen, als der Wald hergibt. Oder eigentlich kann man das natürlich doch. In Deutschland etwa, das sich der nachhaltigen Forstwirtschaft verschrieben hat (und faktisch Nadelbaum-Plantagen betreibt), wird mehr Holz verbraucht als produziert. Der Rohstoff hierfür stammt aus Ländern wie Tschechien, Rumänien, Polen oder der Ukraine, wo eine fatale Mischung aus laschen Vorschriften, Korruption, mafiösen Strukturen und wirtschaftlicher Perspektivlosigkeit der einheimischen Bevölkerung den Waldbestand ernsthaft gefährdet. Freilich sieht man das den Brennholzscheiten und Möbeln, den Dielen und Balken, den Zahnstochern und Essstäbchen nicht an. Holz gilt allen Problemen zum Trotz als nachhaltige und umweltfreundliche Ressource und wird entsprechend nachgefragt.

Hier zeigt sich exemplarisch ein kapitalistisches Grunddilemma: In einer auf Ver- statt Gebrauch ausgerichteten Gesellschaft mag der Wechsel von Plastik- auf Holzbesteck oder von Nylonauf Baumwolltaschen zunächst wie eine Verbesserung aussehen, tatsächlich aber erhöht das den Druck auf die ohnehin schon an ihre Belastungsgrenzen geratende Holz- und Baumwollindustrie. Das Problem wird nicht gelöst, sondern verlagert.

Ende 2020 veröffentlichten israelische Forscher eine Studie, wonach seit diesem Jahr die Masse der von Menschen geschaffenen Objekte, Bauwerke, Maschinen und Infrastrukturen erstmals die Biomasse aller lebenden Wesen des Planeten – von Mikroben, Pilzen, Pflanzen bis hin zu den Tieren – übersteigt. Und während die Biomasse weiterhin schrumpft, nimmt die Masse der menschlichen Produktion jährlich um dreißig Gigatonnen zu. Kein Zweifel: Mit Einkaufstaschen aus Baumwolle und Wegwerfbesteck aus Holz ist dem Problem nicht beizukommen, nicht einmal mit der Eröffnung von drei weiteren Unverpackt-Läden. Die Strategie, „falschen" Konsum durch „richtigen" Konsum zu kompensieren, hält sich zu sehr mit moralischen Kategorien auf, statt das zugrundeliegende Problem des Konsums an sich anzugehen. Die Frage, die wir uns stellen müssen, ist nicht (oder zumindest nicht zuerst) „fair gehandeltes Bio-T-Shirt oder billiges Pestizid-T-Shirt?", sondern „brauche ich überhaupt noch ein weiteres T-Shirt?"

Ähnlich verhält es sich mit der Hoffnung auf revolutionäre neue Technologien in der Mobilität, die unserem permanenten schlechten Gewissen ein Ende setzen. Emissionsfreie Flugzeuge oder Hyperloops, die uns so ressourcenschonend über Tausende Kilometer transportieren, als wären wir zu Fuß gegangen, sind im Moment nicht mehr als schöne Phantasien. Die derzeit existierenden Projekte stecken allenfalls in den Kinderschuhen, und weder das „grüne Kerosin" noch solarbetriebene Passagierflugzeuge sind in greifbarer Nähe.

Mit der Nachhaltigkeit ist es also so eine Sache, und mit der Nachhaltigkeit im Tourismus erst recht. Eine „Touricultura Oeconomica" im Carlowitz'schen Sinne bestünde darin, in einem Gebiet nur so viele Menschen zu beherbergen, wie die vor Ort vorhandenen Ressourcen kontinuierlich und auf lange Sicht zulassen. Wenn gewisse Gebiete in den intensiven Tagen der Hochsaison ein Vielfaches ihrer Einwohnerzahl aufnehmen, sie betreuen, bespaßen, bewirten, kann von einer solchen Nachhaltigkeit natürlich nicht im Entferntesten die Rede sein. Sie erschöpft sich am Ende in der kosmetischen Beifügung einheimischer Käseraspel zur Erfüllung der Minimalanforderung am Tellerrand. Und auch das vielbemühte Adjektiv „sanft", das einen „entschleunigten" und „achtsamen" (beides ebenfalls sehr dehnbare Modewörter), wohltuenden, Mensch und Natur versöhnenden Urlaub verspricht, stellt sich häufig als wohlfeiler Etikettenschwindel heraus. Das grundlegende Dilemma des Tourismus, dass er das Echte durch die Inszenierung ersetzen und das Natürliche durch das Zugerichtete verdrängen muss, bleibt selbst bei scheinbar „minimalinvasiven" Eingriffen erhalten. Im Engadin hat sich beispielsweise gezeigt, dass auch das Langlaufen, sonst immer als nachhaltigere Alternative zum Skifahren angepriesen, erhebliche Umweltbelastungen mit sich bringen kann, und zwar nicht nur wegen des Kunstschnees, der dafür produziert wird. So haben vermutlich in Ski-Wachsen enthaltene Fluorcarbone einige Engadiner Gewässer verschmutzt und darin lebende Jungfische vergiftet – Ski-Wachse ohne Fluorverbindungen, die hier Abhilfe schaffen könnten, befinden sich erst in der Entwicklung. Bis diese marktreif und etabliert sind, sondern die Langläufer weiterhin potenziell schädliche Stoffe ab. Das geschieht ohne böse Absicht, ist aber zugleich unvermeidlich. Auch Autofahrer produzieren durch den Reifenabrieb ihrer Wagen signifikante Mengen an Mikroplastik, und selbst unsere synthetische Funktionskleidung für den Outdoor-Sport belastet bei jedem Waschgang die Umwelt. Die einzige Lösung für dieses Dilemma ist eine Reduzierung der Menge, sowohl an Autofahrten, Waschgängen oder Langläufern. Und selbst das an sich so niederschwellige und schadstofffreie Zu-Fuß-Gehen kann zur Todesfalle für Wildtiere werden, wenn im Winter lärmende Skitourengeher durch den Schnee stapfen und ausgehungerte Gämsen und Rehe aufscheuchen, die durch die plötzliche Anstrengung ihre letzten Reserven verbrauchen. Sogar hier ist eine Zunahme der menschlichen Aktivität also nicht wünschenswert.

Wenn aber Landschaften, Parks und Biotope nach den Regeln des Marktes nutzbar gemacht werden sollen, muss entweder eine bedeutende Zahl an Urlaubern angelockt werden – vermüllte, verseuchte und geplünderte Naturschätze inklusive – oder es müssen abgetrennte, streng kontingentierte Bereiche entstehen, die man nur gegen Eintritt erwandern kann, mit dem die Pflege und Aufrechterhaltung des ursprünglichen Landschaftsbildes beglichen wird. Die Vorstellung der exklusiven, also nicht zahlende Kunden ausschließenden, Premiumzone als letzter Bastion der Nachhaltigkeit kommt freilich besonders bei Einheimischen nicht gut an, ebenso wenig wie der Vorschlag, menschenleere Schutzzonen einzurichten, in die überhaupt niemand eindringen darf. Dass aber gerade der Verwertungs- und Ausbeutungswille der Einheimischen, die ja selbst ebenso vermüllen und plündern wie die Touristen, solche Eingriffe nötig macht, trägt zur Schwierigkeit der Thematik bei.

Bei aller gebotenen Kritik am Modebegriff des „sanften und nachhaltigen Tourismus" muss allerdings auch festgehalten werden, dass die Bemühung um den Öko-Tourismus allemal dem schrankenlosen Turbo-Tourismus vorzuziehen ist. Das Ziel muss nicht zwangsläufig erreichbar sein, damit die Richtung trotzdem stimmen kann. Initiativen wie Protect Our Winters, die sich im Namen des Klima- und Umweltschutzes für einen tiefgreifenden Wandel der Mobilität, der Freizeitgestaltung und des Ferienerlebnisses einsetzen, mögen in ihrem beherzten Idealismus naiv erscheinen – ihr Kampf für eine lebenswerte und tragfähige Zukunft ist respektabel und wichtig. Kurze Wege, lokale Produkte, hochwertige Lebensmittel, regionale Kreisläufe, kleine, familiäre Strukturen, differenzierte Angebote, faire Arbeitsbedingungen, Bevorzugung von öffentlichen Verkehrsmitteln gegenüber dem Individualverkehr, Ausbau von Radwegen – dies alles trägt immerhin zur Entwicklung eines zukunftsträchtigeren Tourismus bei, von dem Gäste, Gastgeber und Einheimische profitieren können.

Freilich: Ob man ihn nun „integrativ", „nachhaltig", „ökologisch", „naturnah", „sanft" oder „fair" nennt, aus Sicht der Natur ist nur eine Art des Tourismus (und im Übrigen auch des Menschen) wirklich (v)erträglich, nämlich der abwesende. Das dürfen wir nicht vergessen, wenn wir unsere Schweige-Retreats und Meditationswochenenden, unsere spirituellen Selbsterfahrungstrips und Erleuchtungsworkshops fern vom Trubel der Mitmenschen buchen und auf der Flucht vor der Zivilisation noch in die entlegensten Winkel der Wildnis vordringen wollen: Auch die Natur hat ein Hideaway verdient.

5

Viertelstundenstädte und Halbjahrestouristen oder: Nie wieder Urlaub!

„Irgendwann bleib i dann dort" sang Gert Steinbäcker von der steirischen Austro-Pop-Band S.T.S. im fernen Jahr 1985 und landete damit einen Hit. Seine musikalische Vision vom permanenten Urlaub in Griechenland, mit weißem Sand, glitzernden Wellen, einem entspannten, stressfreien Lebensgefühl, weit weg vom ungeliebten Brotberuf und der Hektik des kapitalistischen Alltags, wird heute noch gehört und reproduziert eine Phantasie, mit der viele liebäugeln. Irgendwann einfach den Stecker ziehen, das Hamsterrad verlassen, der Welt den Rücken kehren – wer hätte noch nie davon geträumt? Gerade in Momenten der Überforderung und Frustration, und davon gibt es viele, lockt die Aussicht auf ein Aussteigerleben im idyllischen Ganzwoanders, wo man sich um nichts kümmern braucht, weder um politisches Geplänkel noch um soziale Verwerfungen, man liegt einfach am Strand oder am Pool, lässt sich die Sonne auf den Bauch scheinen und genießt das Leben. Man braucht keinen Urlaub mehr, denn man befindet sich bereits im Dauerurlaub.

Was ich euch, liebe Leserinnen und Leser, als letzte Vision eines zukünftigen Tourismus präsentieren möchte, könnte von dieser naiv-treuherzigen Vorstellung eines perpetuierten Kolonialherrendaseins nicht weiter entfernt sein. Und doch gibt es eine Ähnlichkeit, nämlich das Konzept des verschwundenen Urlaubs.

Ich habe ja schon darüber geschrieben, dass der Mensch, der Urlaub nötig hat, im Grunde arm dran ist, erst recht, wenn der Urlaub kompensieren soll, was in der Nicht-Urlaubszeit an Selbst-, Beziehungs- und Familienpflege zu kurz gekommen ist. Im Urlaub mal eben wieder Kontakt zu seinem Inneren herstellen, seine Beziehung retten oder seine Kinder kennenlernen zu wollen, ist ebenso ambitioniert wie erbärmlich. Und doch scheint vielen, die sich in intensiven Ganztagesjobs abquälen, keine andere Alternative zu bleiben, als ihr „eigentliches" Leben auf später zu verschieben, auf den Feierabend, das Wochenende, die Ferien, die Pension. Zugleich erschweren das dicht getaktete Arbeits- und Privatleben und die Unverfügbarkeit der Dauergestressten eine Partizipation am sozialen Miteinander. Für ein Engagement im öffentlichen Raum fehlt es schlichtweg an Zeit und Kraft. Die gesellschaftlichen Folgen dieser Entwicklung sind enorm und lassen sich beispielsweise am Mitgliederschwund in Vereinen und an der Erosion von Dorf- oder Bezirksgemeinschaften ablesen. Zugleich und als Reaktion darauf gibt es die gegenläufige Tendenz: Immer mehr Menschen wenden sich von Vollzeitjobs ab, wünschen sich mehr Zeit für ihre Familie, ihre Freunde, ihre Hobbys, kurz, für das, was ihnen im Leben sonst noch wichtig ist. Das gilt im steigenden Maß auch für Männer, die nicht mehr bereit sind, in der Rolle des reinen Geldverdieners aufzugehen.

Mit der Corona-Pandemie ist der Fokus auf das Wesentliche noch einmal geschärft worden. Im Mittelpunkt steht dabei zum einen der Faktor Zeit, durchaus im Sinne von Lebenszeit. Wie viel davon verbringen wir mit dem, was uns wirklich begeistert, inspiriert und mit Sinn erfüllt? Zum anderen haben wir den Wert der Beziehungsgeflechte, in die wir eingebettet sind, neu zu schätzen gelernt. In ihnen erleben wir uns als selbstwirksam, als produktiv, als wertvoll. Der Trend zur Flucht *vor* der Welt ins

Private findet ein nur auf den ersten Blick unerwartetes Echo in der Flucht *in* die Welt ins Soziale – die beiden Sphären sind keine Gegenentwürfe, sondern ergänzen einander.

Mit Gleitzeitmodellen, der steigenden Möglichkeit zu und Akzeptanz von Homeoffice und der Einsicht, dass mehr Arbeitsstunden nicht zwangsläufig zu mehr Produktivität führen, sondern im Gegenteil in kürzeren Einheiten manchmal effizienter gearbeitet werden kann, zeichnet sich nun auch eine Entwicklung auf dem Arbeitsmarkt ab, die eine tiefgreifende Veränderung unserer Lebensformen ermöglichen könnte. Stundenlange Anreisen zum Arbeitsplatz fallen weg, die Verbindung von Familiärem und Beruflichem wird vereinfacht, die Sphären verschwimmen. Die daraus folgende Vision ist ebenso faszinierend wie beängstigend: Statt sein Ich säuberlich in Erwerbs-Ich, Gesellschafts-Ich, Familien-Ich, Privat-Ich, Urlaubs-Ich zu trennen, kann man die verschiedenen Persönlichkeiten zusammenführen und gleichzeitig erleben.

Dass das nicht nur Vorteile hat, liegt auf der Hand. Wo Abgrenzungen unscharf werden, droht jederzeit eine Vereinnahmung durch Beruf, Beziehung, Familie. Wer daheim im Büro sitzt, kann doch sicher noch nebenher die Wäsche machen, die Kinder versorgen, den Einkauf erledigen. Im Lockdown erfuhren viele die dunklen Seiten dieser Entgrenzung hautnah: Plötzlich sitzt der Chef quasi im Wohnzimmer auf der Couch und springt auch noch während der Feierabend-Pause aus dem Handy.

Zugleich beinhaltet die Vision einer „ganzheitlicheren" Lebensweise ebenjenes Versprechen, das uns so hold im Ohr klingt: „Irgendwann bleib ich dann dort", nämlich am Ort, wo ich mit mir selbst identisch und damit ganz bei mir sein kann, statt mich als zerrissen und rein funktional zu empfinden. Selbst gesetzte Pausen, entzerrte Tageseinteilungen, ein insgesamt langsameres, vielleicht sogar bewussteres Leben: Auch das konnten viele im Lockdown ausprobieren. Und so sehr die sonstigen Einschränkungen der Bewegungsfreiheit belastend und zermürbend waren, die Entdeckung einer wohltuenden Entschleunigung führte bei vielen zum Wunsch, am Ende der Pandemie nicht wieder in alte Muster zurückzufallen. Zugleich darf man nicht vergessen, dass der verordnete Stillstand längst nicht alle Teile der Gesellschaft gleichermaßen betroffen hat. Die sogenannten „systemrelevanten" Arbeiterinnen und Arbeiter konnten von Entschleunigung nur träumen. Ihr Arbeitsalltag wurde hektischer, angespannter, die Arbeitslast nahezu unerträglich. Ein auf maximale Effizienz zusammengespartes System ließ ihnen keinen Spielraum mehr und zwang alle anderen in die Verbannung, um nicht zusammenzubrechen. Auch daraus lassen sich Lehren ziehen: Pflege- und Gesundheitsberufe sind wichtig und wertvoll und müssen entsprechend honoriert werden (Klatschen allein zählt nicht), sogenannte Care-Arbeit, die häufig von Familienmitgliedern noch „nebenbei" geleistet wird, muss aufgewertet, jede Form von sozialer Arbeit als zentraler Pfeiler der Gesellschaft anerkannt und gefördert werden. Im selben Moment darf die Erschöpfungsarbeit nicht mehr länger ein Ideal sein, aus dem es kein anderes Entrinnen als jenes in den Burn-out gibt. Erich Kästner brachte es auf den Punkt, als er in seinem auch ansonsten empfehlenswerten Gedicht „Bürger, schont eure Anlagen" schrieb: Wer schuftet, ist ein Schuft.

Was sich so leicht dahinschreiben lässt, stellt uns aber vor neue existenzielle Fragen: Wenn wir weniger arbeiten (und mithin weniger verdienen), wie können wir dann unseren Lebensstandard aufrechterhalten? Die Angst vor erzwungenem Verzicht, ja geradezu vor Entsagung, ist verständlich und berechtigt. Der kleine Luxus, den wir uns zwischendurch gönnen, wird dann rasch zum großen Luxus. Und der große Luxus – unerschwinglich.

Was bedeutet das alles für den Tourismus?

Es wird weiterhin die Gutverdienenden geben, die für ihren Urlaub mehrere Tausend Euro ausgeben können. Sie haben die Pandemie gut überstanden, sind vielleicht sogar gestärkt aus ihr hervorgegangen. Und nach Ende der Reisebeschränkungen werden viele Menschen endlich ihrem Freiheitsdrang nachgeben und ihre aufgeschobenen Urlaube einlösen wollen. Vor allem aus dem asiatischen Raum werden viele Touristen kommen, die sich ihren Traum vom Bergparadies erfüllen.

Für viele andere aber ist vielleicht jetzt der Zeitpunkt da, über alternative Modelle nachzudenken. Die Bedeutung unseres unmittelbaren Lebensumfelds, des öffentlichen Raums und der vorhandenen Infrastrukturen ist uns vielleicht noch nie so klar bewusst gewesen wie jetzt. Lebensqualität ergibt sich eben nicht nur aus der Möglichkeit, zwei, drei Mal im Jahr seiner Mietskaserne zu entfliehen und an fernen Stränden Erholung zu suchen. Lebensqualität beginnt mit und bei uns selbst und betrifft zuallererst die unmittelbare Umgebung. Wer von permanent dröhnendem Verkehrslärm, schlechter Luftqualität, eintönigen Betonwüsten umgeben ist, setzt sich einem Dauerstress aus, der anfälliger für Krankheiten machen und die psychische Belastbarkeit beeinträchtigen kann. Kein Wunder, dass Großstädte wie Berlin und Barcelona ihre Schlüsse aus der Pandemie gezogen und mit autofreien Zonen mehr Raum für Fahrradfahrer und Fußgänger geschaffen haben. Grünzonen mit Ruheoasen und Sport- und Spielplätzen, Hundeauslauf-Bereichen, Teichen und Blumenbeeten, Kegelbahnen, Schachtischen, Musikpavillons, Bänken und Picknick-Wiesen sind sehr viel mehr als urbane Alibi-Projekte. Es sind Naherholungszonen für den wohlverdienten kleinen Urlaub zwischendurch. Stadtviertel, die wie Dörfer organisiert sind und in fußläufiger Nähe alles beinhalten, was man für seinen Alltag braucht, bieten eine hohe Lebensqualität und laden ihre Bewohner auch zu einem erhöhten Engagement für die Gemeinschaft ein. Nicht umsonst rangiert die österreichische Hauptstadt Wien, die diesem Modell zum Teil schon sehr nahekommt, regelmäßig auf den Spitzenplätzen der Städte mit der höchsten Lebensqualität. Und andere Städte ziehen nach: 2020 wurde die Pariser Bürgermeisterin Anne Hidalgo mit dem Versprechen einer Transformation der französischen Hauptstadt in eine „Viertelstunden-Stadt" („ville du quart d'heure") für eine zweite Amtszeit wiedergewählt. Hinter diesem Konzept des an der Sorbonne lehrenden Umwelt- und Technologieforschers Carlos Moreno verbirgt sich die Forderung, in der Stadt der Zukunft kleine Bezirke zu erschaffen, die in einem Radius von fünfzehn Gehminuten alles Lebensnotwendige bieten. In einer Ergänzung dazu sollen in Laufweite von einer Minute kleine Ruhezonen mit Grünflächen, Bänken, Spielplätzen entstehen – solche „one-minute-cities" werden etwa seit Herbst 2020 in Stockholm gefördert. Dadurch ließen sich Zufriedenheit und Wohlbefinden steigern, während die Umwelt- und Lärmbelastung sinke. „Entgiftung" in einem weit gefassten Sinne ist daher nicht nur ein persönliches Wellness-Projekt, sondern eine gesamtgesellschaftliche Aufgabe, der wir uns stellen sollten. Damit einhergehend ergibt sich auch die Notwendigkeit einer neuen Wertschätzung dessen, was wir haben und was wir (sowohl individuell als auch im sozialen Gefüge) sind – sowie die Erkenntnis, dass sich aus dieser Wertschätzung auch eine neue Form der Wertschöpfung ergeben kann.

Bricht nun also das Zeitalter der urlaubslos Zu-Hause-Bleibenden an, die mit knallrotem Gummiboot zum nahegelegenen Baggersee aufbrechen oder Wochenend und Sonnenschein im Wald genießen und nicht mehr zum Glücklichsein brauchen?

Wohl kaum. Der Mensch bleibt ein Wanderer, ein Glücksritter und Forschergeist. Seine Neugier, sein Fernweh und sein Hunger nach Welt sind ungebrochen. Aber vielleicht ermöglichen uns die neuen, digitalen Arbeitsplätze, an die wir uns in den letzten Monaten gewöhnt haben, auch eine andere Form des Reisens. Statt immer kürzer immer weiter zu reisen, könnten wir das Wagnis eingehen, uns wie weiland die Pioniere der Tourismusindustrie für mehrere Wochen oder gar Monate auf einen Ort einzulassen. Daraus ergäbe sich ein wahrhaft immersives Erlebnis von Kultur, Land und Leuten. Hier zeigt sich auch das Potenzial für einen sanften Tourismus, der seinen Namen verdient: in Form einer zeitlich begrenzten Arbeitsmigration. Wer sich für eine längere Dauer an einem Ort niederlässt, vielleicht sogar in Co-Working-Projekten mit Einheimischen zusammenarbeitet, ist nicht mehr nur Konsument, sondern kann auch Freundschaften knüpfen und sich in der Gemeinschaft gestaltend einbringen. Es entsteht Raum zum Austausch und zum gemeinsamen Wachsen, und im Idealfall spannt sich eine Brücke der Kooperation zwischen dem Haupt- und dem Nebenwohnort (oder gar den Nebenwohnorten). Wenn diese Art des Austausches mehr zur Normalität würde, könnten wir die Konzepte von Sesshaftigkeit und Mobilität neu überdenken und das bis heute vorherrschende Bild von wurzelstarken, geradezu einbetonierten Einheimischen auf der einen und heuschreckenartig einfallenden Einwanderern auf der anderen Seite endlich überwinden. Hotels oder hotelähnliche Anlagen könnten hierbei eine zentrale Rolle einnehmen: Sie würden zu Begegnungsräumen, die mit ihren unterschiedlichen Sphären die richtige Mischung aus Privatheit und Miteinander bieten, mit Angeboten zur Kinderbetreuung, mit Sportanlagen und Erholungszonen. Dies könnte mit der entsprechenden Auslastung eine ressourcenschonende Alternative zu weitgehend leerstehenden Ferienwohnungen darstellen und neue Möglichkeiten des Miteinanders eröffnen.

Vielleicht gelingt uns auch ein Umdenken in Hinblick auf unsere eingewanderten Mitmenschen. Wenn wir Migrantinnen und Migranten nicht mehr als Eindringlinge und Fremdkörper, sondern als sehr entschleunigte Touristen wahrnehmen könnten, wäre schon viel erreicht. Ja, es gäbe auch dann noch und wie überall, wo es um Menschen geht, die üblichen Probleme und Konflikte. Aber anstatt unsere Anstrengung darauf zu richten, Einwanderungswillige davon abzuhalten, zu uns zu kommen, könnten wir sie mit demselben (wenngleich oft zähneknirschenden) Wohlwollen aufnehmen, das wir Touristen entgegenbringen. Und vielleicht können auch wir selbst unsere Reisen mehr und mehr zu Lebensabschnitten gestalten, die uns zweite, dritte, vierte Heimaten schenken. Das rasende Abhaken von Destinationen und Sehenswürdigkeiten, das hohle „been there, done that"-Gefühl könnten damit einer echten Verbundenheit und biographischen Bereicherung weichen. Denn so eindrucksvoll die Spanische Treppe in Rom oder die Akropolis in Athen auch sein mögen, was uns wirklich bewegt und dauerhaft begleitet, sind die unerwarteten Begegnungen, die berührenden Erlebnisse, die unverhofften Momente des Glücks, kurz: die Geschichten, die wir einander erzählen können. Sie bilden den Kern all unserer Reisen und machen sie erst zu den Abenteuern, von denen wir ein Leben lang zehren. Das wusste schon die Lagerfeuer-Weisheit unserer Urahnen: Durch die Geschichten, die wir von uns erzählen, finden wir in die Welt hinein und zugleich ganz zu uns selbst zurück – immer wieder aufs Neue.

Reisen bedeutet, ins Haus eines anderen zu gehen

Christine Plüss, ehemalige Geschäftsführerin der Schweizer Fachstelle „fair unterwegs – arbeitskreis tourismus und entwicklung"

Eine bessere Zukunft kommt nicht von allein. Man muss sie wollen – und man muss sie gestalten. Die Schweizerin Christine Plüss hat Mitte der Siebzigerjahre angefangen, sich für eine bessere, fairere und nachhaltigere Welt einzusetzen. Damals kam sie als blutjunge Reiseleiterin in den Senegal und erlebte, wie das Hotel, in dem sie untergebracht war, über Nacht unter undurchsichtigen Umständen verkauft wurde. Das war für Plüss der Startschuss zu einer lebenslangen Auseinandersetzung mit der Frage, was Tourismus weltweit, aber vor allem im globalen Süden anrichtet – und wie er sich anders, nämlich gerechter gestalten lässt. Zusammen mit einem Freund schrieb sie während ihres Studiums in Paris über den touristischen „Goldrausch" ihre Magisterarbeit, die 1983 unter dem Titel „La ruée vers le soleil" (zu Deutsch etwa „Ansturm auf die Sonne") veröffentlicht wurde und eines der ersten tourismuskritischen Bücher in Frankreich war. Nach ihrer Dissertation, für die sie im Zuge ihrer Reiseleitertätigkeit eine ausgedehnte Feldforschung auf den Malediven betrieb, kehrte sie in die Schweiz zurück und trat eine Stelle im Arbeitskreis Tourismus und Entwicklung an, einer NGO, die heute unter „fair unterwegs" firmiert. „Mein Fokus war, was der Tourismus den Menschen in den Gastländern bringt und was es braucht, damit er weniger Schäden anrichtet und die Menschen, die vom Tourismus profitieren möchten, auch wirklich etwas davon haben, nicht nur das Nachsehen."

Es war eine Zeit des rasanten Aufstiegs der Reisebranche. 1975 waren es noch 220 Millionen Menschen gewesen, die jährlich unterwegs waren. Bis 2019 stieg diese Zahl auf 1,3 Milliarden. „Der Tourismus ist zu einer Großindustrie geworden. Wo immer es wirtschaftlich schlecht geht, heißt's ‚wir machen jetzt Tourismus'." Vor allem die zunehmende Liberalisierung des Luftverkehrs ab den Achtzigerjahren und die wachsende Konkurrenz in den Ländern des Südens, aber auch den Berggebieten hätten zu einer extremen Verbilligung des Reisens geführt. „Es gibt heute eine große Konzentration bei den Anbietern, die sich bis aufs Blut bekämpfen. Die großen Online-Portale Expedia, Booking.com und HRS machen zusammen bis zu neunzig Prozent der weltweiten Buchungen aus. Das sind unglaubliche Machtfaktoren geworden, die bestimmen, wie die Preisgestaltung ist, wie viel die Leute in den Gastländern vom Tourismus dann überhaupt noch kriegen. Als Reisende haben wir durchaus davon profitiert, dass das Reisen so günstig geworden ist. Aber das hat auch dazu geführt, dass es ein normales Konsumgut geworden ist. Man versucht, möglichst billig möglichst um die ganze Welt zu jetten. Es haben sich nicht nur die Menschen in den reichen Industrieländern, sondern auch die höheren Schichten in den Schwellenländern aufgemacht. Es gehört zum Alltag, dass man drei, vier Mal im Jahr verreist, dass man ein Flugzeug besteigt, als ob es ein Tram wäre."

Die tiefen Preise hätten zu einer starken Verzerrung der Wahrnehmung geführt, die den realen Kosten nicht mehr gerecht würde. „Wenn sie für 19 Euro nach London fliegen, sind nicht einmal die elementarsten Kosten gedeckt. Und erst recht nicht die Schäden an der Umwelt. Das muss sich ändern. Reisen wird wieder einen anderen Preis haben. Das ist natürlich schlecht für alle, die hierzulande nicht viel Geld haben und vorher fünf Mal im Jahr irgendwohin nach New York, London oder Barcelona zum Shoppen geflogen sind. Aber ich denke, für eine nachhaltigere Entwicklung dieses ganzen Phänomens Tourismus wird nichts an höheren Preisen vorbeiführen."

Die Botschaft von Christine Plüss ist klar – und unangenehm. Seit Jahrzehnten engagiert sie sich gegen die zunehmenden Exzesse eines entfesselten Dumpingwettbewerbs in der Reisebranche. Häufig wurde sie dabei als Idealistin belächelt, die „die Welt retten" wolle. Heute erlebt sie, dass ihre Themen zunehmend in der Mitte der Gesellschaft angekommen sind. „Es ist zum Allgemeingut geworden, dass das mit dem Tourismus ein größeres Problem ist. Diese schonungslose Reiserei und Fliegerei ist absolut nicht klimaverträglich. Das Problem ist akut."

Doch nicht nur die Mobilität habe sich – zumindest in den privilegierten Schichten – stark verändert. Auch die Einstellung zum Reisen selbst. „Eine Urmotivation des Reisens war immer schon Veränderung und Ausbruch aus dem Alltag. Und das hat bedeutet, dass man sich für den Ort, zu dem man hingeht, interessiert. Diese Einstellung ist dem massiven Tourismus, wie er sich in den letzten Jahren entwickelt hat – ich verwende nicht gerne das Wort Massentourismus –, einfach abhandengekommen. Vierzig Prozent der Millennials, also jener, die zwischen 1981 und 1996 geboren sind, geben als Hauptmotiv fürs Reisen an, wie Instagram-tauglich die Destination ist. Da sieht man die Welt nur noch durch die Linse von Instagram und fragt sich, wie kann ich meine Freundinnen und Freunde mit meinen Fotos, Selfies und Filmchen beeindrucken. Alle Leute fahren dahin, wo die Influencer eben auf Instagram schöne neue Ecken der Welt gepostet haben, und so muss das dann sein, ganz stereotypisiert. Da liegt es auch nicht mehr auf der Hand, warum man Rücksicht nehmen sollte. Aber der Grundgedanke ist schon, dass man beim Reisen immer ins Haus eines anderen geht. Es ist deren Heimat, wo wir hinfahren, und wir müssen uns bemühen, diese nicht zu zerstören."

Zugleich biete die Digitalisierung großes Potenzial, wenn es etwa darum gehe, kleine Anbieter und Communitys irgendwo auf der Welt mit möglichen Kunden zu verbinden. Allerdings: „Solange das von den großen Online-Plattformen dominiert wird, ist die Chance sehr niedrig. Hier müssen staatliche Regulierungen mithelfen, dass die kleinen Anbieter, die vielleicht nicht die Mittel und die technologischen Voraussetzungen haben, um erfolgreich zu sein, besser an ihre Endkunden gelangen können. Die Besteuerung dieser Angebote muss gerechter werden, damit nicht nur die Kleinen, die irgendwo ansässig sind, bezahlen und die großen Plattformen nirgends, weil sie global tätig sind. Die Digitalisierung hat bereits eingesetzt und hier werden auch Veränderungen ansetzen müssen, damit das Reisen wirklich verträglicher wird."

Gerade durch die weltweite Corona-Pandemie seien die Missstände wie unter einem Brennglas sichtbar geworden. „Die extreme Abhängigkeit der sogenannten Destinationen vom Tourismus ist fatal. Die Leute, die jetzt überleben sollen, ohne dass Tourismus stattfindet, haben keine Reserven, sie konnten keine Rücklagen bilden. Die Anbieter, damit meine ich vor allem auch Reiseveranstalter, haben mit der Preisdrückerei mitgeholfen, dass das Ganze immer billiger wurde. Sie haben sich damit sehr stark ins eigene Fleisch geschnitten und haben deswegen jetzt zum Teil kaum mehr Überlebenschancen. Es war unglaublich, wie, sobald der Shutdown beschlossen war, die Fluggesellschaften und teilweise die großen Veranstalter kamen und die hohle Hand beim Staat gemacht haben. Wie wenn sie der Coiffeur-Salon ums Eck wären, ein kleines oder mittelständisches Unternehmen. Ich habe das sehr entlarvend gefunden."

Freilich hatten nicht alle Tourismusgebiete im Corona-Sommer Ausfälle. Gerade die Berggebiete wurden zum Teil regelrecht von Reisewütigen überrannt. Christine Plüss hat die Sommermonate im Tessin verbracht und den Ansturm dort miterlebt. „Die Tragfähigkeit einer Region im Sinne einer nachhaltigen Entwicklung wird nie berücksichtigt. Dazu gehört die Frage, wie eine Region so erhalten werden kann, dass sie nicht in kürzester Zeit zu Tode bereist wird.

Das Wegbleiben der Gäste einerseits und der Overtourism andererseits sind nur die Kehrseiten derselben Medaille."

Es ist eine Medaille mit sehr ungleichen Seiten – und die Ungleichheit hat über die Jahrzehnte zugenommen. „Dass die Demokratisierung des Reisens sich in den letzten vierzig Jahren verbessert hat, gilt ja auch nur für eine kleine privilegierte Schicht der Weltbevölkerung. Nur ein Bruchteil der Menschheit hat jemals ein Flugzeug bestiegen. Es sind sehr privilegierte Schichten, die sich über das Reisen einen sozialen Status erringen können. Wir dürfen nicht verallgemeinern, was bei uns so läuft. Das sollte man auch im Hinterkopf behalten." Beim Reisen trete das globale Ungleichgewicht besonders sichtbar zutage, und häufig hätten sich die Hoffnungen, durch Tourismus einen Aufschwung zu erleben, nur zu einem hohen Preis erfüllt. „Es gibt in Thailand jetzt schon wegen der Pandemie Tourismusorte, die aussehen wie nach einem Krieg, weil seit acht Monaten niemand mehr gekommen ist und nichts mehr instand gehalten wird. Da sieht man die Schwäche des bisherigen Monokultur-Modells des Tourismus. Es muss besser geschaut werden, wie der Tourismus in regionale Kreisläufe einbezogen werden kann, damit nicht alles zusammenfällt, wenn mal keine Touristen da sind. Diejenigen, die Tourismus als willkommene Ergänzung zu den angestammten Wirtschaftszweigen konzipiert haben, sind in der Krise resilienter."

Ob die Pandemie eine Chance für den Neustart sein kann? Christine Plüss ist vorsichtig optimistisch. „Es ist sehr gut möglich, dass wieder unglaublich viel gereist wird, sobald die Impfung da ist, die Fallzahlen von Covid-19 nicht mehr so hoch sind und die Restriktionen gelockert werden; vielleicht mehr noch, weil man kompensieren will. Die Reiseanbieter, die unter großem Druck stehen, sind natürlich froh, das Geschäft wieder anzukurbeln und weiterzumachen wie vorher. Es ist zu befürchten, dass die Ansätze zur Sensibilisierung auf die Klimafrage auch in Bezug auf das Reisen, die es vor Corona gab, durch die Pandemie verlieren, weil eben die Trotzreaktion und das Kompensationsverhalten stärker werden. Ich sehe aber auch das Gegenteil. Grade kleinere und mittlere Anbieter, Studiosus und Gebeco in Deutschland oder die Unternehmen des Forum Anders Reisen, machen sich jetzt schon große Gedanken, wie Tourismus auf Dauer nachhaltiger gestaltet werden kann, damit die Exzesse des Overtourismus nicht mehr vorkommen, damit die Klimaschädigungen effektiv und aktiv eingeschränkt werden. Das sind ganz wichtige Vorstöße, die bei den Unternehmen lanciert werden können." Aber trotz aller positiver Beispiele von unternehmerischer Eigenverantwortung – darauf allein könne und dürfe man sich nicht verlassen. Gerade in Bezug auf Menschenrechte brauche es gesetzliche Grundlagen und politischen Druck, um Missbräuche einzudämmen. „Ich bin trotz all meiner Erfahrungen relativ optimistisch, dass wir im Bereich Respekt der Menschenrechte in den letzten zwanzig Jahren Fortschritte erzielt haben. Es gibt bei der UNO die von John Ruggie eingebrachten Leitprinzipien zu Wirtschaft und Menschenrechten, also Guidelines zur freiwilligen Einhaltung der Menschenrechte durch Unternehmen und der Verstärkung der Menschenrechtsarbeit von Staaten. Und es gibt national immer mehr Gesetzesvorstöße, wie die Konzernverantwortungsinitiative in der Schweiz, aber auch die Organisation Anti-Slavery in Großbritannien, die gegen moderne Sklaverei kämpft." (Anmerkung: Zum Zeitpunkt unseres Gesprächs war der Ausgang des Volksbegehrens zur Konzernverantwortungsinitiative in der Schweiz noch offen, letzten Endes scheiterte der Vorstoß jedoch an der Urne.)

Für die Reisebranche fordert Plüss daher schon längst eine klare Kommunikation und Transparenz. „Es wäre ganz wichtig, dass alle touristischen Angebote nach klaren Kriterien der Nachhaltigkeit und Fairness – gute Arbeitsbedingungen, Einhaltung der Menschenrechte, ressourcenschonende Praktiken – transparent deklariert werden. Das ist auch kein Traum mehr, denn mit der Digitalisierung läuft schon vieles in diese Richtung. Man kann aber nicht alles dem guten Willen der Reisenden überlassen und ihnen die Verantwortung aufbürden. Es braucht klare politische Vorgaben, wie Reiseangebote deklariert werden müssen. Ich glaube hier sehr stark an ein Potenzial, wie die Reisekundschaft im positiven Sinne beeinflusst werden kann, ohne entmündigt zu werden. Es gilt, den richtigen Mix zu finden zwischen persönlicher, auf die Bedürfnisse der Kundschaft eingehender Beratung und klar deklarierten Angeboten. Das wäre wünschenswert für die Zukunft. Das Angebot muss sich viel mehr an den Bedürfnissen der Gastbevölkerung orientieren und nicht nur an denen der Reisenden. Das wird klar, wenn es um sogenannte Entwicklungsländer geht, um Ferndestinationen, wo kleine Communitys ihre Dorfangebote vermarkten wollen, da rückt die Frage in den Vordergrund, was haben die Einheimischen davon, was haben die Beschäftigten im Tourismus davon. Dies spielte bisher in der Angebotsgestaltung kaum eine Rolle."

Zugleich gibt Plüss zu bedenken, dass Zertifikate und Labels allein kein Allheilmittel seien: „Gerade ein kleines Dorf in Südindien hat es beispielsweise schwer, sich zertifizieren zu lassen. Die meisten Labels sind ja nach westlichen Standards ausgerichtet. Das Label sagt dann nicht unbedingt das aus, was die Qualität dieses besonderen Angebots ausmacht."

Positivbeispiele gebe es bereits, etwa mit den Biosphären-Reservaten wie im Schweizerischen Entlebuch, aber auch in Brasilien, wo sich etwa das Fischerdorf Prainha do Canto Verde im Bundesstaat Ceará als „Reserva Extrativista" (zu Deutsch „Nutzreservat") dem zunehmenden Zugriff von Immobilienspekulanten entziehen und einen schonenderen Umgang mit den Meeresressourcen fördern konnte. „Es können sehr viele positive Entwicklungen mit und durch Tourismus stattfinden. Dazu braucht es allerdings einen gestalterischen Eingriff."

Was sie sich für das Reisen nach Corona wünscht? Mehr Bewusstsein. Und mehr Zeit.

„Reisen ist an und für sich etwas Schönes, ein wertvolles und erhaltenswertes Gut. Nicht einfach ein Auswuchs, den man bekämpfen muss. Die Zukunft des Reisens ist hoffentlich, dass seltener gereist wird, dafür aber für eine Reise mehrere Urlaube zusammengelegt werden und die Urlaubsdauer auch länger gefasst wird.

Und dass die Neugier auf das, was man am Urlaubsziel entdecken kann und wozu man Sorge tragen muss, wieder geweckt wird. Ich würde mir sehr wünschen, dass das passiert."

Es ist halt schön,
Wenn wir die Freunde kommen sehn. –
Schön ist es ferner, wenn sie bleiben
Und sich mit uns die Zeit vertreiben. –
Doch wenn sie schließlich wieder gehn,
Ist's auch recht schön. –

Wilhelm Busch

Nachwort

Berge versetzen
oder: Die Angst ums Schnitzel

Es ist Zeit, Berge zu versetzen. Für einmal nicht durch Sprengungen, Abtragungen, Planierungen, wir müssen keinen weiteren Tunnel bohren oder noch mehr Skilifte installieren. Die Berge um uns sind nicht gemeint. Die Berge in uns müssen wir versetzen – unsere Gewissheiten, unsere Tabus, unsere Heiligtümer. Wir haben erlebt, wie sie, die wir für felsenfest hielten, bröckelten. Lange dachten wir, es sei eine vorübergehende, eine kurzfristige Angelegenheit, eine Luftspiegelung, die sich als Schleier vor die Normalität gelegt hat. Jetzt müssen wir einsehen: Was wir für Normalität hielten, waren die Schleier, hinter denen wir das Unbequeme verbargen. Sie sind zerrissen. Das Unbequeme tritt zutage. Die Brüche im System, die klaffende Ungleichheit und Spaltung der Gesellschaft, das Versagen der politischen Entscheidungsträger und der alarmierende ökologische Notstand können nicht mehr länger beschönigt werden. Der teilweise aggressive Rückzug in Verschwörungserzählungen und die Verleugnung der Pandemie-Situation sind Strategien der Selbstbeschwichtigung: „Ich muss nichts ändern. Bald wird alles wieder so sein wie vorher." Ein Irrtum.

So nachvollziehbar die Wut über die Katastrophe ist, die unser Leben so gründlich umgewälzt hat, so verständlich die Angst vor Veränderung: Die tiefgreifende Transformation unserer Realität hat längst eingesetzt. Wir können sie nicht aufhalten. Wir können nur versuchen, sie zu gestalten. Pragmatisch, mit nüchterner Analyse, ohne Weltuntergangshysterie, aber auch ohne „Bullerbü"-Phantasien.

Agrar-Romantisierungen und Retrokitsch retten uns nicht. Weder lässt sich das Rad der Zeit zurückdrehen noch eine New-Age-Selbstversorger-Idylle installieren. Die Nationalisierungs- und Regionalisierungstendenzen der letzten Jahre, die einen Weg aus den Verwerfungen der Globalisierung zu bieten scheinen, führen in die Irre. Das Ansinnen, weltweite Probleme ausschließlich lokal zu lösen, ist nobel, aber zum Scheitern verurteilt. Was wir erleben, ist nicht der Untergang der Titanic: Vereinzelte Rettungsboote nützen nichts. Wir stehen vor dem drohenden Kollaps des globalen Ökosystems, in das unsere kleine, scheinbar heile Welt unauflöslich eingeflochten ist. Solange wir diese Tatsache nicht anerkennen und uns mit Spiegelfechtereien und Scheindebatten aufhalten, verschwenden wir nur kostbare Zeit. Zeit, die wir nutzen sollten, jetzt die Weichen für eine Zukunft zu stellen, die anders sein wird. Schlichter vielleicht, bescheidener, in manchem wahrscheinlich auch schwieriger. Aber immer noch lebenswert.

Wir werden nicht aufhören zu reisen. Leben heißt unterwegs sein. Vielleicht aber werden wir einen neuen Sinn dafür entwickeln. Mit Glück hört der Urlaubsort dann auf, hedonistische Zuflucht und austauschbares Konsumgut zu sein, und wird zum Lebensraum für alle. Und mit noch mehr Glück finden wir ein neues Gleichgewicht, das die mörderische Unwucht aufhebt, mit der wir durch den Alltag rasen.

Doch beginnen müssen wir in uns selbst. Dort entstehen die Geschichten, die wir von uns erzählen wollen, und dort müssen wir die Vorstellung einer neuen Realität entwickeln, ohne in die Normsprache eines gescheiterten Systems zu fallen. Die Pandemie hat uns gesellschaftlich traumatisiert und eine völlig neue

Lebenswelt geformt. Diese Entwicklung ist unumkehrbar. Statt also die Restauration unseres vormaligen Alltags zu fordern, sollten wir uns den Herausforderungen stellen, die vor uns liegen. Unsere unmittelbare Sehnsucht gilt der Freiheit, die wir so lange entbehren mussten. Zugleich ist unser Bewusstsein für die Verantwortung gestiegen, die wir für Mitmensch und Mitwelt tragen. Ob diese Erkenntnis jedoch als notwendige Bremse vorhält, ehe wir wieder in die Enthemmung stürzen, ist fraglich. Die Pandemie hat uns gezeigt: Menschen überschreiten jede Grenze, die man ihnen zu setzen trachtet. „Die Gesellschaft", „die Menschheit", „der Planet" sind als schützenswerte Größen, auf die man Rücksicht nehmen sollte, schlichtweg zu abstrakt. Mit Empfehlungen und Verboten, mit moralischem Druck und schwammigen Ängsten lassen sich nur kurzfristige Effekte erzielen: Am Ende siegen Bequemlichkeit, Gewohnheit und „Ach, was soll's". Besonders fatal ist es, wenn der Eindruck entsteht, man wolle jemandem das Schnitzel vom Teller nehmen – wortwörtlich und im übertragenen Sinne.

Der Tourismus ist eines unserer liebsten Schnitzel. Wir wissen zwar, dass unsere Herumfahrerei und die damit verbundene

Ausbeutung natürlicher und menschlicher Ressourcen problematisch sind, aber wir erteilen uns mit allerlei Vorwänden die Absolution. Wir haben dafür ja auch hart gearbeitet. Wir haben es uns verdient. Wir sind die Guten.

Nichts davon ist wahr. Harte Arbeit führt nicht automatisch ins Urlaubsparadies. Davon können Menschen auf der ganzen Welt ein Lied singen. Wenn wir in die Ferien fahren, haben wir vor allem das Glück gehabt, an einem Ort der Welt zu leben, an dem das möglich ist.

Doch den Tourismus in Bausch und Bogen zu verdammen, führt in die falsche Richtung.

Alle Expertinnen und Experten, mit denen ich gesprochen habe, sind sich darin einig: Reisen ist wertvoll – und zwar sowohl für die Reisenden als auch für die Bereisten. Zu Gast sein und Gäste zu empfangen, ist eine grundlegende menschliche Erfahrung und mit Freude und Wohlbefinden verbunden. Nicht umsonst zählt Gastfreundschaft zu den zentralen Werten, auf die wir uns weltweit einigen können. Es ist beglückend, sein Glück mit anderen zu teilen. Aus diesem Geist heraus ist Tourismus eine Brücke zwischen Regionen und Menschen, ein Werkzeug zum Überwinden von allem, was uns trennt. Wenn uns die Balance zwischen Nähe und Distanz gelingt und der unvermeidlich invasive Charakter des „Eindringlings" ebenso wie die skrupellose Geschäftstüchtigkeit der Eingesessenen gebändigt werden können, entsteht im besten Fall eine Dynamik der gegenseitigen Bereicherung, und zwar weit über das Ökonomische hinaus. Ein Schritt dazu ist die Überwindung der Kategorien, nach denen die „Fremden" als notwendige bis überflüssige Übel klassifiziert werden (aber immer als Übel). Solange der mobile Mensch zum Touristen, Migranten, Wirtschaftsflüchtling, Asylanten gestempelt wird, kann er nicht ankommen. Freilich steht das Ankommen derzeit auch nicht im Vordergrund: Gäste sind

Vorläufige, buchstäblich Vorübergehende. Sie kommen nicht, um zu bleiben, sie kommen, um demnächst wieder abzureisen. So gehen wir mit Touristen um, aber auch mit allen anderen, die wir als „nicht von hier" einstufen: Nicht nur saisonale Arbeitskräfte wie Erntehelferinnen oder Mitarbeiter in der Gastronomie, auch langfristig Angestellte werden, sofern sie mit dem Etikett des „Migrationshintergrunds" versehen sind, als Menschen behandelt, auf die man nicht zählen kann, weil sie nicht zählen. Im März 2021 hat das Stimmvolk von St. Moritz mit einer wuchtigen Zweidrittelmehrheit eine Initiative abgelehnt, die Eingewanderten, die seit mindestens fünf Jahren in der Gemeinde ansässig sind, ein kommunales Stimmrecht gewährt hätte. Im Regionalblatt „Engadiner Post" fabulierte der Chefredakteur anschließend in seiner Analyse davon, dass man sich eben mehr für eine gelungene Integration einsetzen müsse. Dass die Möglichkeit der Mitbestimmung nach immerhin fünf Jahren Ansässigkeit kein großzügiges Geschenk ist, sondern eine notwendige Unterstützung für das Ankommen, das sich nicht im randständigen Mitgemeint-Sein erschöpfen kann, ist zumindest im Engadin offensichtlich nach wie vor schwer vermittelbar.

Dabei wäre dies der vielleicht wichtigste Perspektivenwechsel von allen: Der Ort, an dem ich mich gerade befinde, geht mich an. Egal, wie lange mein Aufenthalt dauert. Ich bin nicht Zaungast, zahlender oder bezahlter Voyeur einer mir fremden und fernen Welt. Ich bin Akteur. Ich trage Verantwortung, vom ersten Moment an. Diese Natur, diese Umwelt, diese Gesellschaft betreffen mich.

Umgekehrt sollte der Gast nicht als Privilegierter aufgenommen werden, der als unhinterfragter Devisenbringer fungiert, sondern als ein wenn auch noch so flüchtiges Mitglied der Gemeinschaft. Man darf und soll ihn in die Pflicht nehmen. Es steht zu viel auf dem Spiel.

Die Segregation in immer kleinteiligere Interessensgruppen hat den Blick für das große Ganze verstellt. Achtsamkeitskurs und Aprés Ski, Jugendzentrum und Seniorentreff, Kleinkindbetreuung und Homeoffice haben sehr unterschiedliche Zielgruppen und Anforderungen. Zugleich müssen sie alle vom gesellschaftlichen Band des Miteinanders, der gegenseitigen Rücksichtnahme und Wertschätzung gehalten werden. Nähe und Distanz, Begegnungszone und Rückzugsort, privater und öffentlicher Raum sind in ein Gleichgewicht zu bringen. Das geht nicht ohne Kompromisse.

Und doch gibt uns die ehrliche Auseinandersetzung mit den Herausforderungen, denen wir uns nur als Gemeinschaft stellen können, die Chance auf das, was wir vergeblich zu inszenieren versuchen: das Authentische. Denn nirgends sind wir echter als in unseren Widersprüchen. Die Paradoxien, die Spannungen und Reibungsflächen, das Unauflösliche und die Absurdität unserer Existenz sind unverzichtbarer Teil unserer Identität. Die Wahrheit über uns, unser Gemeinwesen und unsere Lebensräume ist nicht ohne Hintertüren und Doppelbödigkeiten zu haben. Die Sehnsucht nach dem Unverfälschten und der Wunsch nach Widerspruchslosigkeit sind daher nicht gleichzeitig erfüllbar. Die Fassade des Eindeutigen, Gleichförmigen, Glatten kann immer nur für kurze Zeit aufrechterhalten werden. Nicht umsonst arbeiten wir uns zeitlebens an den Gegensätzen ab, die wir um uns und in uns wahrnehmen. Konflikte und ihre Überwindung sind unsere gesellschaftlichen Triebfedern. Zugleich müssen wir uns in der Gelassenheit üben, Dissonanzen auszuhalten und Unvereinbares unvereinbar sein zu lassen. Reisen kann dabei hilfreich sein, sofern es nicht mit Überlegenheitsdenken, Gleichgültigkeit und Ignoranz einhergeht. Im Idealfall gelingt es uns dabei, dem Anderen mit Respekt, dem Fremden mit Rücksicht und der Natur mit Demut zu begegnen.

Gut vorstellbar, dass in Zukunft die Schnitzel auf unserem Teller weniger werden. Vielleicht sind sie mitunter sogar – o Schreck! – vegan. Statt beleidigt mit dem Fuß aufzustampfen und auf unserem Recht auf Schnitzel zu bestehen, sollten wir uns neuen Möglichkeiten öffnen. Vielleicht entdecken wir Genüsse, die uns bisher entgangen sind. Die Voraussetzung dafür aber ist, dass wir uns die Erlaubnis geben, Andere zu sein. Nehmen wir Urlaub von unserem alten Ich. Betrachten wir die Welt aus neuen Perspektiven. Versetzen wir die Berge in uns.

Zu guter Letzt

Unsere Gedankenwanderung durch die touristischen Labyrinthe endet hier. Auf dem Weg nach draußen möchte ich euch, liebe Leserinnen und Leser, ein paar Verse von Rose Ausländer mitgeben, nämlich den Beginn ihres Gedichts „Gemeinsam", zart wie die ersten Frühlingsblüten im Schnee:

Vergesset nicht / Freunde / wir reisen gemeinsam

Ja, vergessen wir es nicht, dass wir bei allen Unterschieden, gegensätzlichen Interessen und Konflikten gemeinsam unterwegs sind und dass unsere Pfade sich immer wieder kreuzen. Unsere Rollen wechseln: Mal sind wir diejenigen, die vorangehen, und mal diejenigen, die sich verlaufen haben. Geben wir einander Herberge und Zuflucht, Stärkung und Trost und stehen wir einander als Reisegefährten bei, denn niemand kann seinen Weg allein gehen. Und vergessen wir vor allem dieses nicht: dass wir alle, ob Sesshafte, Touristen oder Nomaden, seit Anbeginn Weltreisende sind, Raumfahrer, Passagiere dieses gastlichen Planeten auf seinem Weg durch das All.

Dank

Meinen fünf Gesprächspartnerinnen und Gesprächspartnern, die ihre Zeit, ihre Erfahrung und ihre Expertise zur Verfügung gestellt haben – besonders Hans Heiss, der das ganze Buch vorab gelesen hat.

Meinem Verleger Thomas Kager, der das Projekt auf den Weg gebracht hat.

Meinem Illustrator Armin Barducci, der zum dritten Mal mit mir ein Buch gemacht hat, weswegen ich ihn jetzt als „meinen Illustrator" bezeichnen darf.

Meinem Mann Kurt, der jeden Schritt mitgegangen ist.

Die Autorin

Selma Mahlknecht, Südtiroler Schriftstellerin und Theaterautorin, lebt in der Schweiz. Zahlreiche literarische Veröffentlichungen. Der Roman „Helena" (2010) wurde mit dem Sir-Walter-Scott-Preis ausgezeichnet, „Es ist nichts geschehen" (2009) wurde ins Schwedische übersetzt. Ihre Artikel und Kolumnen erscheinen in der „FAZ", der „Südtiroler Wirtschaftszeitung" und anderen Medien.

www.selma-mahlknecht.info

Bei Edition Raetia:
„Berg and Breakfast" (2021)
„Das Weihnachtskänguru" (2017)
„Luba und andere Kleinigkeiten. Roman" (2016)
„Auf der Lebkuchenstraße. Heiter bis wolkig durch die Weihnachtszeit" (2013)
„Helena. Roman" (2010)
„Es ist nichts geschehen. Roman" (2009)
„Im Kokon. Erzählung" (2007)
„rosa leben. Prosa" (2004)
„Ausgebrochen. Erzählungen" (2003)

Inhalt

MIT SCHARFBLICK UND IRONIE

Vom Umbruch im Leben einer jungen Frau

Luba ist humorvoll, sarkastisch, ein wenig überdreht – und vor allem völlig durcheinander. Sie ist schwanger und weiß nicht so recht, ob ihr das ins Konzept passt. Ihrem Lebensgefährten Horst erzählt sie nichts davon, sie macht sich ihre eigenen Gedanken. Die großen Pläne, die sie für ihr Leben und ihre Karriere als Radiomoderatorin hatte, sieht sie schon an sich vorbeiziehen. Dennoch freundet sie sich allmählich mit dem Gedanken an, dass sich Bernadette – so nennt sie ihr Baby – in ihr Leben schleicht.

Selma Mahlknecht hat schon seit mehreren Romanen einen Ton drauf, den man gern hört bzw. liest.
Peter Pisa, Kurier

SELMA MAHLKNECHT

LUBA

UND ANDERE

KLEINIGKEITEN

ROMAN

EDITION RAETIA

Euro 21,90 €
ISBN 978-88-7283-571-5

Auch als E-book erhältlich

www.raetia.com

Festliche Abgründe

Selma Mahlknechts schönste Weihnachtsgeschichten: Eine Christbaumkugel bandelt mit dem Christbaumständer an. Ein Ehepaar versucht fieberhaft, die skurrilen Wünsche seines Kindes zu erfüllen. Ein Softdrinkkonzern will den Weihnachtsmann durch das Weihnachtskänguru ersetzen.

Die Gedichte, Dialoge und Fabeln berichten durchaus mit einem feierlichen Drall von Stress und Relax rund um Weihnachten.
Helmuth Schönauer, Tageszeitung

Selma Mahlknecht
Das Weihnachtskänguru
Selmas schönste Weihnachtsgeschichten

Illustriert von Armin Barducci

RÆTIA

Euro 12,90 €
ISBN 978-88-7283-614-9
Auch als E-Book erhältlich

Neuerzählung der griechischen Sage

Vergötterung, Flucht, Liebe, Entführung, Vergewaltigung. „Bin ich noch Helena?", fragt sich die schöne Prinzessin aus Sparta, nachdem sie von Paris verschleppt und geschändet wurde. Schönheit verspricht in Mahlknechts Neuerzählung der griechischen Sage kein Glück.

Mahlknecht kreist in „Helena" um diese Figur und sie erzählt die antike Geschichte aus der Warte der Schönen selbst – eine Frau, die aus unseren Tagen stammen könnte.
Ö1 / Leseprobe

Selma Mahlknecht
Helena
Roman

RÆTIA

Euro 17,90 €
ISBN 978-88-7283- 384-1
Auch als E-Book und Audio-Book erhältlich

Die Drucklegung erfolgte mit freundlicher Unterstützung der Abteilung
Deutsche Kultur der Autonomen Provinz Bozen-Südtirol

AUTONOME PROVINCIA
PROVINZ AUTONOMA
BOZEN DI BOLZANO
SÜDTIROL ALTO ADIGE
Deutsche Kultur

MIX
Papier aus verantwor-
tungsvollen Quellen
FSC
www.fsc.org FSC® C014138

Umschlaggestaltung: Philipp Putzer, www.farbfabrik.it
Illustrationen: Armin Barducci, Bozen
Druckvorstufe: Typoplus, Frangart

Printed in Europe

Print: ISBN 978-88-7283-770-2
E-Book: ISBN 978-88-7283-803-7

Unseren Gesamtkatalog finden Sie unter www.raetia.com.
Bei Fragen und Anregungen wenden Sie sich bitte an info@raetia.com.

Edition Raetia
verzichtet der Umwelt zuliebe
auf die Schutzfolie aus Plastik.